真理について

真理について

永井潔

光陽出版社

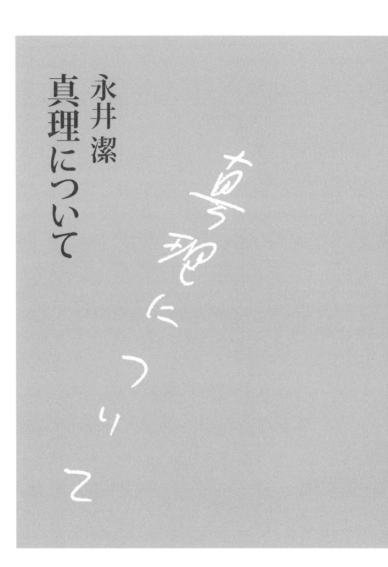

真理について

永井 潔

永井潔〝真理論入門〟への誘い——刊行にあたって

北野　輝（美学・美術批評）

「post-truth 他所事《よそごと》ならず無表情に衝突と言ひて去り行く女人」
永田和宏（二〇一七年元旦、朝日新聞での新春詠）

「ポスト真実」の時代と言われている。信じたいウソが拡散して真実に勝ち、世論形成や政治・社会の動向を左右する。真偽を確かめる思考と言論の貧困化は民主主義の破壊と暴力（戦争）につながる。いま真偽は焦眉の問題の一つとなっている。

本書『真理について』は、二、三十年前に書き継がれていた旧稿だが、はからずもタイムリーな上梓となったかに見える。そこでは嘘の起源が真理の起源との不可分な関係において論究されており、後半（続）では「嘘」が一項目を設けて論じられてもいる。しかし本著は「フェイク（嘘）とどう闘うか」の実践的な指南書ではない。これは真理とは何かを問う認識論や哲学の分野に属する、永井潔自身にとっての「真理入門」の書である。画家でもある彼が芸術（とりわけ「芸術的真実」）とは何かを明らかにするために、それを含み対向する「真理」そのものを明らかにしようとした挑戦の論考である。そこにはおのずからリアリティーやフィクション、典型などの文学・芸術問題について有益な論及や示唆も含まれている。

「ラディカルとは物事を根っこのところでとらえることだ」（マルクス）とすれば、この真理論という大きく困難なテーマへの挑戦はじつはラディカルである。だがそれは哲学研究者や限られた専門家だけでなく、一般の読者や唯物論に同意できない人々にも開かれている。彼の論は、たとえば原子力についての専門知識がなくても核兵器や原発に反対することの「正しさ」の主張上で展開されている。しかもそれは、年長の先学たち、真下信一の「理性」（仮に簡略化して言えば、「知性と感性の統一された思考力」）と古在由重の「コモン・センス」（同様に、「市民に共有された良識」）の「人間性の思想」に共感しそれを継承しているのだ。その論究は、「科学主義の限界」を超えて「真理の人間性」や「真理と自由の本来的不可分性」を解き明かすことに向かっている。それは「真理がわれらを自由にする」という、一九四八年に設立された国立国会図書館の図書カウンター上部に掲げられた銘文の精神にも通じているだろう。

真理（という概念）の意味内容（内包）は単純で、その単純さに反比例して、それが適用される範囲（外延）は広い。真理とは「認識上の真」であり、人間の認識が現実と一致していること、しかもその一致が検証されて客観性を持つもののことであろう（その意味で客観的真理が語りうる）。――この唯物論の単純とも見える真理観の原則に立って、永井はかつて自身が犯した真理＝実在説やその反動としての認識＝主観説への傾斜の誤りを正すとともに、認識と表現との関係や、広い外延内の多様な諸相のいくつか（本音、本心、真心、まこと、など）をそれらに対向し対立する誤謬や嘘などとの関係において解き明かす。そこでの重要なポイントのひとつを挙げれば、「虚構なしに真理はありえない」こと、したがって唯物論者もしばしば犯す真理＝実在説の誤りは、虚構の上に成り立つ真理と実在とを混同ないし取り違えていることになるだろう。

ところで、永井の論究の特色は物事を歴史的・発展的にとらえることにあろう。本書において「虚構なしに真理はありえない」とか「真理は歴史の産物である」と言われるのも、虚構の高度な歴史的発展形態として真理がとらえられるということである。彼は旧著（『芸術論ノート』）で「真理の起源」を認識活動の中に求め、労働模擬による虚構の発生とそれに伴う真偽の弁別の成立にその機縁があったと説いていた。しかしそれは「ほんの入口」に過ぎなかった。永井によれば、真理の成立過程は、人間の認識が労働実践から派生し実践との相互作用において高度に分化発展してゆく過程と重なる。感性と知性、事実認識と価値認識、科学と芸術、客観的真理と主観的真理の歴史的な分化による現実反映の重層化と複合化、それらを再統一する人間的理性によるより高次な現実認識としての真理こそ明らかにされなければならない。「ありのままの現実」の認識を超えた「あるべき現実」「あるべき人間」の認識こそ、自然必然性に基づきそれを超えた自由と人間性と不可分の真理なのである。

永井理論のもう一つの特色は、それが対話や討論、さらには論争を基底にして形成されており、文字通り弁証法的と言えることであろう。本書が彼の批評文に加えられた批判への反論から書き起こされているのは見ての通りである。だが特に興味深いのは、偶然出会ったキルケゴール『反復論』との架空の対話と討論が、彼自身の反復論の点検と展開の呼び水になっていることである（続の「四　模擬と反復」）。永井は唯物論者であり、（マルクスがそうであるのと同様な意味で）ヘーゲリアン（ヘーゲル主義者）だが、キルケゴールはキリスト教者であり、反ヘーゲル主義者でもある。永井にとっての反復は唯物論的反映論のカテゴリーだが、キルケゴールにとっては宗教的カテゴリーである。両者の立場の違いは対極的とも言える。しかし永井は、両者の間に反復論が「反復」されている共通性を見て取り、彼自身の言う「勝手読み」によって、キルケゴールが反復を「超越」としてとらえていることに、現実の弁証法的発展のイメージに通じる必然から自由への飛躍の問題が投影していると解するのである。

ところで、永井潔のこの真理論はその行く先を示しながらも多くの示唆や課題を残して、逆戻りするかのように「真理の起源」を論究する原点へと立ち帰っている（続の「四　模擬と反復」以降）。これはあえて後戻りして「反復」することによって起源論の進展をはかったと見ることもできる。いずれにしても、それは自然運動の「反復」に根を持つ労働の「反復」が、労働の「模倣」から労働の虚構的「模擬」（原始的ミメーシス）を経て、「模写」へと派生、分化するところまでたどって中断され、未完に終っている。真理論を完成するには、科学と芸術、科学論と価値論、道徳論、実践論、さらに言語論に及ぶ広汎な参照や論究など、一人の人間には負いきれない課題があるからだろうか。あるいは「言論かそれとも暴力か、という鍔迫《つばぜ》り合いの中で、歴史は否応なく言語への関心をおし出して行くであろう」との書中での予想に従って、この未完の真理論の延長上で〝言語論への転換〟を急ぐことになったためだろうか。ともあれ彼は、晩年に『鱓《ごまめ》の呟き』という反映論（『反映と創造』）の立場からの現代言語学批判の哲学的・時事的エッセーを生むことになった。「言論か暴力か」がいっそう切実な問題となる「ポスト真実」の時代に先駆けたそれへの対峙であった。

真理について

目次

永井潔〝真理論入門〟への誘い——刊行にあたって　北野　輝　3

真理について　13

一　あるきっかけ　15
二　真理の外延または周辺　17
三　真理の意味　19
四　真理のあり場所、意識の内か外か　27
五　認識の真と表現の真　34
六　科学主義の限界　47

目次

七　本音、本心、真心　62
八　ハートの問題、価値意識と意識事実、及びその逆　66
九　あるべき現実の認識、「まこと」の位相　70
十　「らしさ」と真実　79
十一　現実と媒介的現実性　87
十二　文学的典型と虚構文学　90
十三　真理における虚構の役割　94
十四　真理の起源と嘘の発生　107
十五　続・真理の起源　115

続・真理について　129

一　前置きと宿題　131
二　噓のいろいろ　138
三　真理の人間性　152
四　模擬と反復　159
五　続・模擬と反復　173
六　模倣と模擬　186
七　模擬と模写　198

あとがき　水沢武夫　209
初出一覧　213

真理について

「民主文学」一九八三年三月号から一〇月号まで各号に連載

一　あるきっかけ

本誌〔「民主文学」〕八二年十月号の津田孝論文「批評の基準をどこに求めるか・補論」は松崎晴夫を批判するついでに、私の意見をもやっつけている。『宮本顕治文芸評論選集』第一巻「あとがき」についての私の感想をとりあげ、宮本意見への私の共感のし方が不十分だという点に批判の鉾先を向けている。

芸術方法論でリアリズムの立場をとる人が、芸術の評価基準を真実性に置くことはほとんど自明のことといってよいだろう。私はリアリズムという基本的方向で宮本意見に全く賛成である。私が芸術の評価にあたって「真理を語っているかどうか」を軽視しているかのようにいう津田の批判は奇怪である。

私は宮本論文に共感したが、芸術の評価基準の問題があの論文ですべて解決したとは思わない。だから宮本論文に啓発されながら、今後一層論証を深めねばならぬと思う方向について感想を述べた。芸術は真理を探求すべきだと主張しても、芸術創造は真理と無関係だと思っている人もあるのだから、芸術活動そのものが真理の探究と不可分だということ、真実が芸術の存立条件だということ、を芸術史の事実に沿って論証しなければならない。いかにして芸術という特殊領域は成立するか、(又は消滅するか、)芸術とは何か、その歴史的分化を制約する物質的根拠は何か、等々の問題について、まだ明らかにされていない問題点がたくさん残っていると思う。芸術批評とは何かという問題についても、明らかにすべきことはたくさん残っている。私は批評が科学性をもつことに賛成である。批評と科学の統一は促進さるべきだと思っている。しかしそれは批評という活動を科学に解消できると考えることでは必ずしもない。私は、芸術学と芸術批評は互いに作用し合いながらも相対的に独自な領域を形成してきたし、今後ともこの関係は続くと考えている。

これらの諸点についていずれ詳しく述べる機会をもちたい。芸術の価値基準に「真理を語っているかどうか」を置くことと少しも矛盾することなしに、むしろ、真理を価値基準にすることの妥当性の論証として、これらの諸点について語ることができると私は考えている。

芸術と真理の関係を明らかにするためには、芸術とは何かを明らかにするだけではなく、真理とは何かをも明らかにしなければならない。いわば真理の側から芸術に接近する角度も必要であろう。今は、とりあえず真理そのものについて書くことにする。それは津田の私への批判の焦点が、結局私の真理論へ向けられているらしいからである。津田は永井の「芸術独特の価値」という規定が真理を軽視(私はすこしも軽視したつもりはないが)しているのは、「これは『客観的真理は実在する』という命題を『実在性と客観性の混同』としてしりぞけ、あわせて『科学的真理は没価値的』とする永井潔の『真理』論とも結びついているように思われる。」と書いている。出発点ともいうべき真理論にくいちがいがあったのではどうしようもない。

二　真理の外延または周辺

真理という言葉の意味を語る前に、それと似通った言葉にもちょっと目をくばっておこう。日本語では、真実という言葉が真理とほぼ同義語に使われながら、また微妙なニュアンスで使いわけられたりもしているように思える。例えば科学的真理に対して芸術的真実といいやすいような具合に。真理は抽象的な道理や法則性を表現するが、真実は具体的な事物を指すかのように感じられたりもする。しかしこんなニュアンスのちがいはたいしたことではないだろう。本来事物と法則性が不可分であるように、真理も真実と不可分であろう。両方とも truth なのであり、真という同一の内包の外延的変化に過ぎない。「季刊・新英米文学研究」（第一三巻三号〈一九八二年秋号〉）に北条元一の「文学的真実について」という講演記録が載っているが、北条のいう文学的真実は津田が芸術に求めている真理と大ざっぱに同じものと受けとってよいと思う。

真という概念のひろがりは、真理や真実のほかにもかなり多方面にわたっている。真物（ほんもの）、真人間（まにんげん）、などばかりでなく、本心、本音（ほんね）なども真の延長上にある。このようなひろがりの一つ一つの場合にかかわってはいられないから、真理または真実という言葉で真の全体を代表させるようなし方で論じたいと思う。

真理の外延がひろいということは、概念の内包と外延のひろさが反比例する論理法則からいえば、真理の内包がそれだけせまいことを意味する。あることがらが真理であるということは、きわめて単純明瞭なことなのだ。非常に複雑な研究の結果としてしか獲得できないような内容の真理も、それが真理であるという一点ではきわめて単純明瞭なのである。私はすべての真理内容について語るのではなく、すべての真理に共通する単純な内包を明らかにしたい。

このことは、真理の外延を全然問題にしないということではない。例えば、ある大臣が「貧乏人は麦を喰え」といった場合、その言葉がその大臣の本音を表しているという認定は、その言葉の内容が真理であるという認定ではない。それが本音であるとわかった時、その本音は真理に反すると思うから人々は怒るのである。それにもかかわらず、本音と真理は、ある内包的同一性をもつということをこそ論じたいのである。だから、科学的真理と芸術的真実の関係にしても、まず両者の共通点を明らかにする過程で、両者のちがいが明らかになるような論じ方をしたい。

真理の外延ばかりでなく、真理の周辺にも眼をくばらねばならぬだろう。例えば、かつて

「世界文学」誌上で北条元一が批判した小場瀬卓三の「真実らしさ」という概念なども俎上《そじょう》にのせねばなるまい。それは真理と真理論の関係を論ずることでもある。真理は単純明快でも真理論は複雑な対立によって構成されている。とはいっても、真理のすべてのヴァリエーションをこの小論で論じ尽くせるわけのものでもない。まずもっとも初歩的な問題点から出発したい。この小論は私自身の真理入門である。

三　真理の意味

真理を論ずることとは、単に真理という言葉の意味について語ることではない。しかし、真理という言葉の意味を語ることなしに真理論へ移行することもできない。あらゆる議論の中で真理論が特殊に根本的位置を占めるように思えるのも、そのことと関係がある。

真理とは何かという問いかけは、真理という言葉の意味自体によって回答を用意しているともいえる。それはどのような回答が正しいか、つまりどの回答の示す判断が真理であるか、を問うていることにほかならないからである。逆説すれば、問いかけ自身が、真理とは正しい判断のことだと主張していることになる。

真という概念は、偽という概念と対になった相対概念であり、偽と無関係に単独では規定されえない内容である。あるものが真であるということは、そのものが偽ではないという意味である。だから真偽の判断が前提になって生ずる内容である。真に対する偽は、「いつわり」であり、普通には誤謬《ごびゅう》や嘘のことを指している。だから真理とか真実とかの言葉は、認識と現実の一致を意味するといわれる。「対象と意識の一致」といういい古された定義もこれに属する。これがごく普通の解釈だろう。

即自的な現実、意識の外の現実自体には真偽の区別はない。そこへ人間の認識活動がかかわることによって、認識の側に真偽の区別が生じてくる。現実に合致した正しい認識と、現実に合致しない誤った認識との差別が生まれるのである。真理という言葉と現実という言葉を無造作に混同してはならないという理由はそこにある。「真理は実在する」というようないい方は、ややもするとこのような混同を招きかねない。少なくともそのような混同に無防備な弱点をもっていると思う。

真理は認識と現実の一致であって、意識と無関係な実在のことではない。私はこのことについて拙著『反映と創造』〔一九八一年、新日本出版社〕の中で、自己批判を含めてかなり詳しく触れたつもりだったが、津田孝その他の人の納得をかうことはできなかったようである。「その他の人」というのは、「真理は実在する」という意見を変えようとしないのが津田一人ではなさそうだという意味である。文章上ではないけれど、私ははっきりした反対意見を他の友人からも聞いた。その反対意見の大要は次のようなものである。「なるほど真理は認識と現実の一致である。しかし、『認識と現実の一致』は『現実に一致した認識』とは微妙に異なる。後者は意識であるけれども、『認識と現実の一致』そのものは意識にかかわりない実在である。」と。

津田の真理論がこのような「微妙」な意見と同じであるかどうかはわからない。津田の論文には彼の真理実在説の論証らしいものは何もかいてないからである。しかしとにかく真理は意識の外に実在すると考えているのであろう。その点では「微妙」な意見に近いと想像する。

しかし「認識と現実の一致が意識にかかわりなく実在する」などという説はあまりに「微妙」で、私には不可解というほかない。もしそのような真理論が真理であるとすれば、たしかにそのような真理は私の意識にかかわりなく私の意識の外に存在していることになる。しかしそのような真理論も誰かの意見であるかぎり意識なのだから、「意識にかかわりない真理」ではないことになる。まことにごちゃごちゃしてわかりにくい。真理と真理論はたしかに同じではない。しかし、真理論は意識であるが故に真理ではありえないなどという意見は、真理論の自己否定ではないか。真理論が真理でありうるかどうかこそが真理論の中心的テーマではないか。真理論が真理でありうるかどうかを明らかにするには、真理論を活潑《かっぱつ》にするほかないように思えるのは、まことに皮肉である。津田もまさか真理論を活潑にすることに不賛成なわけではあるまい。

私はほかのところでも書いたが、「真理は実在する」といういい方にただやみくもにこだわっているわけではない。「人間の認識は現実に合致しうる」ということを、「現実に合致した正しい認識は存在しうる」といいかえるのは許されないことではない。真理と呼ばれるようなことがらが実在世界の中にあるのは明らかだからだ。物質に対してばかりでなく、非物質である意識に対してもわれわれは「ある」とか「存在する」とかの言葉を使う。「意識がある」という言葉を使ったから観念論者だなどときめつけるのは、不毛な揚げ足とりに過ぎない。ただ、意識が物質を離れて独立的に存在するという主張になると、もはや表現上の問題でも用語混乱の問題でもなくなる。認識における非科学的な誤謬と断じないわけにいかなくなる。それと同じような意味において、認識と現実の一致であるところの真理が、意識と無関係に意識の外に存在するといわれると、どうしても首をかしげざるをえなくなるのである。認識と現実の一致は意識が現実にかかわることから生ずると考えるのが常識的だからだ。

人間の認識活動が対象的現実にかかわって行く場合、真偽の区別は認識内容として意識の側に生ずるのである。真理というのは、誤った認識を克服し、対象的現実を正確に把《とら》えていることが証明された正しい認識内容のことである。「現実に合致した認識」のことだといい切って少しも差しつかえないと私は思う。だから真理は意識なしには存在しえないものであり、意識の一種なのだ。意識のうち、対象的現実への客観的妥当が検証された部分だと主張して一体どんな不都合が起きるだろうか。何の不都合も起きないと私は考える。

あべこべに、真理が意識にかかわりなく意識の外に実在すると主張する人は、自分の主張の矛盾に気付かずにはいられないだろう。そこで苦しまぎれに、「認識と現実の一致」は「現実と一致した認識」とは「微妙に異なる」などという奇妙な弁解をあみ出すことになるのだろう。

地球は人間の意識の外に実在している。しかし地球は実在であって真理ではない。地球が意識の外に実在しているという認識が真理なのである。地球は人類が発生する以前から実在していたであろう。だからそのような認識は事実に合致する真理だといってよい。しかしそれは、そのような認識が人類発生以前から存在したことではなく、真理が人類発生以前から存在したことではない。人類発生以前にも現実は存在したが、認識と現実の合致は存在しようがなかったであろう。人類以前にも、宇宙のどこかの生物のところで真理が発生していたかも知れないが、意識をもった生物のいないところでは、現実は意識と合致する手だてをもたないだろう。

たしかに真理は多数決できまるものではない。人間存在の量に依存しはしない。ガリレオの地動説は当時の大多数の意識とかかわりなかったであろう。しかし地動説は「説」でありガリレオの意識にかかわったからこそ真理なのである。地球は大昔から太陽のまわりを回転していたけれども、アリスタルコスやコペルニクス以前には地動説という真理は存在しなかったのだ。

客観的真理は実在ではなく実在の認識である。だが確定した真理は、認識であるけれども主観ではない。いかなる主観でもなく、共同主観でも共通主観でもなく、実在への客観的妥当性をもった認識が真理なのである。真理はともすると実在と混同されやすいだけでなく、全人類の共通主観（あらゆる個人の主観に対する普遍妥当性）とも混同されやすい。この二つの方向への混同を避けることが、真理論におけるもっとも初歩的な要点だと私は考える。

客観的真理が認識であるということは、主観が正しいと思い込んだ認識が真理だという意味ではない。もともと人間の意識内容は主体に規定される側面と主体以外の対象的現実に規定される側面との葛藤によって構成されている、という反映論的見地に立たない限り、「真理は対象と意識の一致である」といういい古された定義も、表象と思考の堂々めぐり的関係に還元されてしまうのである。認識は実践の媒介によって意識の外の現実への妥当性を深め真理性を獲得してゆくのである。客観的真理が実践の検証によって成立するといわれることは、それが主観の否定であることと認識であることとを同時にいい表している。真理は人間生活（感性的実践）の成果である。

真理論が陥り易い二つの方向の混同は、私自身の誤りの反省として語った方がはっきりする。『芸術論ノート』（一九七〇年、新日本出版社）のもとになった「芸術とは何か」（「文化評論」及び「民主文学」に連載）を書いている過程で、私ははじめ真理を人類の共通主観と混同した。すべての意識は主観であり、意識が主観性を脱することはありえない、というような軽率な思いこみがその混同の前提になっていた。執筆の途中でその誤りに気付いて訂正を行ったけれども、今度はその反動のように真理と実在の混同に陥ったのだった。

このゆれ動きの反省は、結局二つの方向の誤りの根元は同じであるという結論を私に齎《もたら》した。真理と実在の混同の前提にも、意識はすべて主観だという思い込みが作用しているのである。意識はどこまでいっても主観だから、意識が客観的真理でありうるはずがないという考えが、真理は意識ではなく意識の外の実在だと主張させるのだろう。

認識と現実の一致が意識にかかわりなく実在するという奇妙な説も、かつて私が犯した誤りと同じような経路を通って生まれるのではないだろうか。

真理実在説を頑固に守る人は、もし真理が実在ではなく実在への認識だという意見を承認したりすれば、忽《たちま》ち不可知論に転落するかのような不安を抱いているのではないだろうか。唯物論者という素朴な自覚が恐らくその不安にからまっている。しかし冷静に反省すれば、その不安が錯覚に過ぎないことはわかるはずである。全くあべこべに、意識は真理でありえないという速断こそ正真正銘の不可知論なのである。人間の意識が意識の外の現実を正しく認識しうるという考えは、意識が真理でありうるということにほかならないのである。

本来認識内容であり意識の一形態である真理が、人間をはなれた独立的実在として宇宙を浮遊するとしたら、それは超自然的現象というほかない。意識と無関係に意識の外に実在すると想定された真理は、神や絶対理念と同じようなものだろうと私は考えるのである。意識が現実を正しく描写しうるということ、いいかえればイデーが客観性をもちうるということ、理念が真理でありうるという主張は、決して観念論的でもなければ誤謬でもない。したがって真理は理念であると主張しても、まだそれだけでは観念論的と断定はできない。現実の法則性に合致した合理的理念も理念なのだから。そのイデーがイデーの外の実在と無関係だと主張したり、イデーが人間や人間の意識と無関係に、意識の外に実在すると主張したりするのが観念論的誤謬なのだと思う。

真理が意識と無関係な実在ではないという主張と不可知論の関係について、蛇足かもしれぬがもう少し補足しよう。私の『反映と創造』に関して提出されたある科学技術者の質問を例にとる。質問の要旨は次のようなものであった。

近代自然科学は電子を発見した。しかしこの場合、自然科学者の中にも二つの意見が岐《わか》れた。一方は電子が実在するという意見であるが、他の一方は、電子という存在を仮定するとすべての現象のつじつまを合わせて説明するに都合がよいだけで、実際に電子が実在しているかどうかはわからない、という考え方である。真理が実在しないという主張は、後者の立場に立つものではないか？　と。

私は決して電子不可知説に左袒《さたん》するものではない。もし各種の実験で電子の存在が検証されたのなら、電子と呼ばれるような実体は実在するのである。この点を勘ちがいしないでほしい。しかしこの場合、電子は実在であって真理ではない。電子は実在するという認識が真理なのである。電子は人間によって発見されるされないにかかわりなく、ずっと以前から実在していた。しかし電子は実在するという真理は、人間がそれを発見し実験によってその発見の正当性を検証した時にはじめて成立したのであり、それ以前には存在しなかったのである。

不可知論というものは、実在に対する不信であるよりは、（それは物自体の他在を認める。）

より直接的に意識に対する不信なのであり、意識の認識能力についての不信なのである。その点を間違わぬようにすべきであろう。

四　真理のあり場所、意識の内か外か

真面目で頭のよい人々が、何故頑固に真理実在説にこだわったりするのだろうか。私の推測では、当面二つの誘因が考えられる。その一つは、『唯物論と経験批判論』におけるレーニンの「客観的真理は存在するか？」という設問である。もしレーニンを尊敬する人がレーニンの片言隻句《へんげんせっく》をも金科玉条と心得る場合には、「客観的真理は存在する」というレーニンの主張から、意識にかかわりない真理という結論を抽《ひ》き出しかねないと想像されるからである。

しかし、レーニンの主張をそのように解釈するのは、やはり早とちりだろうと私は思う。そのような早とちりを導きかねないような叙述のし方がレーニンの側に全然ないともいいきれないが、よく読めば、レーニンが「真理は意識の外に存在する」などとはどこにもいっていないことが判明するだろう。

レーニンは、「絶対的意味での客観的真理」を否認するボグダーノフを批判しつつ次のよう

に書いている。「ここではあきらかに二つの問題が混同されている。(一) 客観的真理は存在するか、すなわち人間の観念のなかには、主観に依存しない、人間にも人類にも依存しないような内容がありうるかどうか? (二) もしあるとすれば、客観的真理を表現している人間の観念は、この真理を一度に、全部、無条件に、絶対的に、表現することができるのか、それともただ近似的、相対的に表現できるだけなのか? この第二の問題は絶対的真理と相対的真理との関係の問題である。」(レーニン全集第一四巻一四一頁)

今ここでは、ボグダーノフが客観的真理の存立の問題と、絶対的真理と相対的真理の関係の問題と、客観性と絶対性の二つの異なった問題を混同したことはしばらくおいてもよい。彼はこの混同において誤っただけではなく、第一と第二と双方の問題のそれぞれにおいても誤ったのである。結局、「真理とは人間経験の組織形式である」とか、「客観性とは万人の経験への普遍妥当性である」とかの主張によって、経験の外の実在による経験への規制という真理の存立条件を無視したのである。認識が意識の外の実在に合致することを客観的真理の成立条件から排除してしまったのである。したがって彼の主張は、真理という言葉を使ってはいても、事実上客観的真理の存立を否認したことになる。

これに対してレーニンは客観的真理の存在をどのように主張したか。彼は、「客観的真理は存在するか」という問題を、「人間の観念のなかには、主観に依存しない、人間にも人類にも依存しないような内容がありうるかどうか」(傍点永井)という問題にいいかえた。つまり、客観的真理は人間の観念（意識）の内容として存在すると主張したのである。観念の内容がすべて客観的真理ではないけれども、観念の内容のうち主観に依存しない、主観から解放された側面や部分が客観的真理だという意味であろう。これは真理が意識と無関係に意識の外に存在するという主張ではない。ここで「人間にも人類にも依存しないような内容」と呼ばれているのは、人間の意識内容の性質のことであって、意識活動そのものが人間に属さないとか、人間の意識ではない、他の物質の意識だ、というような意味ではなかろう。

彼は「真理は経験の組織形式である」という主張が、意識内容はすべて人間に依存するだけで人間の経験の外の現実には規定されないとする点に反対したのであって、真理が意識内容でも認識でもないなどと主張したのではない。真理は経験されないとか経験ではないとか主張したのでもない。

彼は「経験的認識のなかの客観的真理」（レーニン全集第一四巻一四七頁）とはっきり書いているし、「人類以前に地球が存在したというその主張が真理であること……」（同前一四二頁、傍点永井）などのいい方で真理が人間の現実認識であることをいたるところで認めているのである。このいい方の中で彼が地球を真理と呼ばずに「主張」を真理と呼んでいるのは明らかである。

レーニンが真理を人間の認識内容の問題として考えており、意識の外の存在と考えてはいなかったことは、彼のいう「第二の問題」に関して一層明白になる。彼はエンゲルスを引用しながら、相対的真理によって絶対的真理が構成されると主張する。相対的真理はそれ自身で絶対的真理の「粒」なのであり、真理は条件的な粒である相対的真理から、その総和である絶対的真理へと発展する。このようないい方によってレーニンが人間の認識の発展法則を語っていることは、ほとんど自明である。そこでは認識論的な問題が語られているのであって、人間の意識にかかわりない自然の発展について語られているのではない。

人類が発生しない以前に、地球が相対的真理から絶対的真理へと発展したなどということがあっただろうか。あるいはまた、相対的実在から絶対的実在へと発展したなどといえるだろうか。地球も進化したにはちがいないし、それが日毎の相対的進化の連続を通じて質的に飛躍し不可逆的な絶対的進化を実現したのもまちがいなかろう。しかし実在するというそのことの中には実在性の度合いなどは存在しないのである。まだ燃えている地球は相対的実在で、冷えた地球は絶対的実在だ、などという区別はないのである。実在の発展と真理の発展は、関係はあるけれども、混同されてはならない異なった二つのことがらなのである。

レーニンが真理の発展の名において人間の認識の度合いの進歩を意味していたことは明らかである。彼は、人知が次第に広く深く対象世界を把えて行く有様を描いたのである。だから、レーニンの言葉から真理実在説をひき出した人は、自分の早とちりに気づかずにいるだけのことだと私は考える。(もっとも、真理がレーニンの意見によってきまるわけでないのはいうまでもない。)

レーニン意見の検討はこのくらいできり上げて、真理実在説のもう一つの誘因の推測に移ることにする。恐らくこの方が一層根本的な誘因と呼んでさしつかえないであろう。それは、認識過程そのものが含んでいる意識の自己捨象機能である。ヘーゲル風のいいまわしをすれば、認識過程では意識は自分の内容をすべて外から借りたもので満たすわけである。桜の木を認識するとき意識の内容は桜の木という外部現実で満たされ、意識にとっての自己は意識の中で無化される。主体の認識活動は認識対象の像の中に消去される結果になる。だから認識結果としての意識内容には認識対象だけが残ることになる。桜の木だけが内容として残り自分がそれを意識していることは意識から捨象されてしまう。このような過程こそ、最も素朴な意味における「対象と意識の一致」の出現にほかならないであろう。

したがって、真理の出現そのものが、他方では真理と実在が混同される蓋然《がいぜん》性をも生むのだと思う。真理を表現している意識は、その自覚の中で自分が意識であることを忘れさる傾向をもつであろう。しかし実際は、人間が真理を獲得したとき、人間は決して無意識に陥っているわけではない。意識内容がもはや意識ではなく、(現実に合致した正しい意識でもなく、)意識の外の実在そのものだと思い込むにいたることは、意識自身の自己捨象活動の働きなのである。

桜の木の実在を認めた意識が、その認識の正当性を主張するには、自分の意識が今桜の木を認めているというだけでは全く不充分なのであって、仮に自分が意識していなくてもそこに桜の木があるという判断にまで進まねばなるまい。それは意識が意識の中で意識自身を捨象することにほかならないといってよいであろう。

意識の自己捨象の機能は、意識の能動的自己変革的本性であって、認識の発展にともなって発展する。主体が意識するということと対象が意識されるということは、はじめは渾然《こんぜん》とした一体をなしているであろう。意識事実が即現実と見なされるような素朴なあり方においては、意識と現実の区別はまだはっきり発達していないから、意識内容において意識と対象が一致しているというよりは、むしろ未分化的融合の中にあると形容した方が適切である。この未開的意識内容においては真理はまだはっきりした姿を現さない。意識内容が、意識の自己捨象活動を通じて、意識の外の実在との一致を確認するのは、意識と実在の区別が明瞭になって行くことと比例して発展するのであろう。

意識が意識を捨象して「意識にかかわりない現実」をはっきりと認識するようになるのは、むしろ自然科学が発達した後の現象といってよいのではないか。意識の自己捨象を徹底させたような認識が科学的認識であろう。科学的認識内容は完全に主観性を脱しているばかりでなく、もはや認識でさえもなく、事実そのものに転化しているかのように思えたりもするのである。〔クリストファ・〕コードウェルが科学的認識に対して「人間の幻化」という形容を与えたのもこの点にあるのだろう。

レーニン〔『唯物論と経験批判論』〕によれば、観念論者ヴントがアヴェナリウスの「原理的同格」の理論を批判する際にも、科学的認識における意識主体の捨象の問題がでてくる。「自然科学は、あらゆる観察者をすべて捨象する」とヴントはいっている。しかしヴントの場合は、主観と客観の原理的同格の理論が「現実の経験の内容とそれについての反省との誤った混同」であるという批判にとどまっているから、(つまり意識の範囲内のつじつまの問題に過ぎないから。) 科学による観察者の捨象の必然を必ずしも強く主張しているわけではなさそうである。しかしとにかく、客観的真理へ向かう認識活動の発展は、「経験内容のなかに経験する個人」をつけ加えるような「原理的同格」運動ではなく、意識内容から「自分を差し引き」自分の意識がなくても存立するような現実の把握へと意識内容を拡大する運動であろう。

人間の意識でありながら、主観性を脱した客観的真理は、それが意識の外の現実を正しく把えているというそのことのために、意識自身による真理と実在との混同をも呼び起こすのである。それは、ある条件の下では、科学活動が人間から疎外され、人間に対立するに至る事情と結びついてもいる。そこでは、科学的真理は人間に従属し人間に保有された人間の認識内容である実質を失い、人間とは疎遠な単なる実在に転落してしまうのである。真理と実在の混同が、見過ごしてよいような軽い誤ちにとどまらない性質をもっていることは、それが認識の科学的疎外形態への人間の盲信という形をとって現れる時切実に実証される。科学的真理が人間の捨象を含んでいることを黙過または軽視することが、人類存立の危機をも招くのである。この危機は真理と実在の混同から必然的に導かれるのだと思う。

真理と実在の混同、真理の発展と実在の発展の同一視は、正しい適切な判断ではない。つまり、そのような誤解は「実在」しているが真理ではない。しかし、このような誤りが真理の把握における意識の自己捨象を誘因として生まれるということは、真理と誤謬の不可分な相対関係を示すものでもある。しかしこれは真理と誤謬がマッハ主義的な「原理的同格」をなすという意味では無論ない。

〔一九八三年三月号〕

五　認識の真と表現の真

真理は実在ではないが、常に実在へ合致しようと努める認識活動の成果だから、常に条件的ではあるが一定度に正しく実在を映し出している。のみならず、それ自身で独特の実在的表現形式と結びついている。だから真理と実在が時に混同されることにも酌量《しゃくりょう》できるような情状はあるのである。認識と現実が合致してしまえば、両者の区別がつかなくなるのはむしろ自然でもあるからである。真理と実在との間に条件的な同等性が働いているのは事実であろう。この条件的同等性をそのまま絶対的同一であるかのように教条主義的に拡張解釈するところから真理と実在の混同が生まれるのである。

人間も自然的実在の一部だから、人間の認識と現実の一致である真理は、自然全体の発展過程に生起する自然の内部現象である。真理は実在に含まれている。だが同様に誤謬や嘘も実在に含まれている。真理が実在に属していることは実在が真理に属していることではない。実在は包括的かつ基礎的で、真理に先行している。実在の一次性に対して真理は二次的であり派生的である。真理は実在自体よりも高次な媒介的現実性なのである。

しかし実在と真理のこの関係は、人間の眼からはともするとと逆に見えるのである。真理の方が実在に先行していて、根元的な真理が徐々に発現して実在世界が生まれるかのように。それはマルクスがいうように、人間の認識一般が歴史の進行を結果の方から逆さに辿《たど》るからであるが、より直接的には、獲得した真理を利用して実在世界を改造する人間の体験がこの倒立像を生むのだと思う。経験的知識に基いて現実を効果的に変革する実践者にとっては、真理の方が実現さるべき現実に先行しているのは事実でもあるからだ。

神が実在世界を創造したという考えは昔からあったけれども、真理の実在化として世界を説明する考えが普及したのは、多分、自然科学がある程度発達して以後のことでないかと私は推測している。真理は現象的な実世界よりももっと奥深い根元的な実在だと考えている人が、私の身の廻りでも案外と多いのである。それはいわば、神が真理にのりうつったようなものではないだろうか。歴史上で自然科学の発達と形而上学《けいじじょう》の発達が符節を合わせる一面がここに窺《うかが》える思いがする。

真理と実在の関係を本質と現象の関係と同一視している人もかなり多いように思う。だが真理は意識内容なのだから、反映規定一般とは区別もされなければならないのである。このことは後に「真理または真実の起源」を論ずる際にもっと詳しく触れることにする。ここでは、真理にも現実性はあるが、その現実性は意識に媒介された二次的現実性であり、意識されるされないに関わりない一次的な実在とは異なるという指摘にとどめておく。

この一次二次関係があいまいになり、時には実在が真理に先行するようにも思えるが、また時には真理が実在に先行するように思えたりもするものだから、実在と真理が混同されやすい事情が生ずるのであろう。

このことは、真理、すなわち認識と現実の一致、にはさまざまな一致のし方があり、まず大まかには、現実先行型の一致と認識先行型の一致の対向的な区別があるということを意味している。「対象の意識化」として意識に結着する求心的一致と、「意識の対象化」として対象に結着する遠心的一致と。不満意識も現状認識として現実に一致するが、願望の実現もまた意識に現実を一致させる。

求心と遠心と、互いに相反する方向をもった二つの一致、その統一としての認識と現実の一致が、真理を構成しているのである。「認識と現実の一致」は、単に同次元的構造における「意識と対象の一致」よりも深い意味内容をもっているのである。認識と現実の一致が方向をもっているということは、真理が動態的な過程であることを意味している。認識と現実の関係は、単に平行的な、単に共時的な対応関係ではないのである。常に何ほどかの時間的ズレを含み、ジグザグな往復的屈折によって互いに転化し合うような相互作用関係であり、関係自身の螺旋《らせん》的上昇性によって無限に一致へと向かう歴史的な発展運動なのである。

「認識と現実の一致」は、認識が実践の対概念であり、実践を媒介にした意識であるという意味において、単に感覚が感覚対象に一致するよりも高次元な一致である。

認識と現実の求心的一致と遠心的一致は、互いに相対立する方向であるが、無関係なのではない。それは連続的屈折によって真理を構成するフィードバック的運動なのである。現実的なものの観念的なものへの転化と観念的なものの現実的なものへの転化とは、一つの人間的対象活動の両側面であり、この両面の統一によってこそ真理は真理たりうるのである。科学的認識は実験や実践を通じて実在化されないうちは真理と名乗れないのである。電気理論の実在化である各種の電気器具は電気理論の真理性の実証である。

電気器具は認識の実在化であり、ここにも認識と現実の一致がある。けれども普通は電気器具のことを真理とは呼ばない。器具の実現によって検証された理論の正しさに対して真理の名を与えるのである。だから認識と現実の遠心的一致も、結局は求心的一致へと螺旋運動的に回帰するのである。

しかし、必ずしもそうとばかりはいいきれない、という主張も出てくるかもしれない。例えばわれわれは、現実に合致した正しい意見を真理と呼ぶだけでなく、心を正直に伝えた表現をも真実と呼ぶ。嘘ではないという意味の真実である。誤謬に対立する求心的な真と嘘に対立する遠心的な真では、真の方向が明らかに異なっている。表現の真まで認識に帰着させるわけにはいかないのではないか、と。

五億円のワイロを貰った人が、「貰っていない」と供述する場合、彼は決して事実を誤認しているのではない。貰った事実をちゃんと認識しているにも拘《かか》わらず、表現上で嘘をついているのである。だから「貰った」という白状は、貰った事実に一致する彼の正しい認識そのものだという意味で真実なのではない。自白の信憑性は認識上の真理に直結しているわけではない。

嘘の反対としての表現上の真実は、表現される認識が真理であろうが誤謬であろうが、そんなことにかかわりなく、意識内容が言語その他の物質的表現形式に合致することである。2＋3＝7と判断した人が2＋3＝7と言明すれば、その限りで彼は自己の真実を述べている。彼が2＋3＝7だと思っているにもかかわらず、他人の影響をうけて2＋3＝5などと心にもない言明をすれば彼は嘘をついていることになる。だから認識としての真と表現としての真は矛盾する。

表現上の真は、結局「本音」の問題である。本音はほんとの音であり嘘の音と区別される。本音か嘘かは、意識にとって外在的な音の側に生ずる区別であり、意識の側の区別ではない。正しい意識か誤った意識かに関わりなく、どんな意識にせよ、表現としてその意識に合致した人工的な音が本音なのである。愛していもしないのに「あなたを愛しています」といえば、その言葉は嘘であり、「あなたを愛していません」という言葉が真実である。この場合の真実は、愛することが正しいかどうか、適切であるかどうか、などには関わりがないのである。だからこの場合、真実は明らかに外在的な言語の側にあり、認識の側にはない。認識と現実の一致は、認識の側に生ずるのではなく、現実の側に発現している。真理認識説は見事に崩壊しているではないか。

しかしそうではない。嘘かまことかという表現上の区別もやはり判断上の区別に回帰するのである。言語は音声記号や文字記号として外在的形式を保ってはいるけれども、人工的実在として、人工の加わらない一次的実在とは異なっている。そればかりではない。同じ人工的実在の中でも、意識の表現伝達に専用される点で、例えば電気器具その他の用具とは異なっているのである。もともと言葉というものは、聞き手の判断に対してのみ表現機能をもつのであり、聞き手の意識から遠ざけられたところでは、音声記号も文字記号も言葉ではなくなるのである。自分の内心の意識事実に対する聞き手の誤った判断を引き起こす限りで嘘は成立するのであり、反対に、自己の意識事実に合致した正しい判断を聞き手の側に呼び起こすことが、表現上の真実の出発なのである。だから、表現上の嘘とまことの区別もやはり認識内容に還帰するのである。真理も真実も、本音も、それらが意識と無関係な実在ではなく、現実と一致した正しい認識内容である点では共通していると私は断言したい。

私は今言語表現を例にとって論じたけれども、言語以外の表現活動においても事情は同じである。表現は、意識が物質を媒介にして意識に還帰する活動であり、認識から切り離された表現は、もはや表現とは呼べないのである。

すべての真は、現実に合致した正しい認識内容に帰着する、と私は考えているけれども、真が認識の真と表現の真に分化し、両者が矛盾するに至るという事実を否認するわけではない。真実のこのような分裂の事実を認めることは、この分裂を克服してより高次な統一的真実に達する課題意識につながることでもある。認識と表現の分裂がどうしてはじまり、どう再統一されるかは、恐らく真理論の中核をなすような論点の一つだと思う。

真理の多様な外延や位相は、認識と表現の歴史的分化に淵源《えんげん》しているといっても差し支えないように私は思う。早い話、芸術の本質は、自己表現であるのか、それとも現実認識であるのか、という芸術論上の伝統的争点と無関係に芸術的真実について語ることはできないだろう。表現であるか認識であるかによって真実の意味が変わってしまうのである。

「貧乏人は麦を喰え」という言葉は大臣の自己表現としては、正に真実である。嘘ではない。けれども現実生活に対する認識としては客観的妥当性を持たない。事実認識としても価値認識としても真実に反する誤った考えである。

表現上の真も認識と現実の一致であるけれども、この場合は認識と一致すべき対象的現実に特殊性が生じている。それは認識が意識事実を認識対象にしているのである。意識と対象の関係がここでは実際上意識と意識の関係になっているところに特徴がある。ここでは物質的現実は意識と意識を媒介する機能であるに過ぎなくなっている。表現上の真は、人と人とのコミュニケーション過程に生ずる真なのである。自分の意識にとっては、他人の意識も意識の外の現実である。だから自分の意識による他人の意識の類推は、やはり認識と現実が一致へ向かう運動の一環なのである。表現上の真は、人間の意識が人類的合意へ向かう歴史的必然が、意識の形式にフィードバックしたものであろう。

人間と外部現実との関係は、多様に分化した形式をもつけれども、まず最も大まかには、非人間的自然をも含めた自然一般との関係、及び、人間同士の人類的特殊関係、に二分されるといってもよいだろう。認識の真と表現の真の分化及び矛盾も、この関係の二面的分化に根拠をもっているのであろう。

最も単純化された意味での表現上の真、本音の認識、は人間同士の意思疎通の達成にほかならない。けれども他人との交信は、表現上の真にとってまだ出発点であるに過ぎない。外在的な交信活動は、まだはっきりと嘘に対立しているわけではないからである。交信活動のフィードバックをうけて個人の意識の内部に嘘とまことの弁別が生じた時に、はじめて意識と表現の一致は自覚的形態に達するといえるだろう。この時、外在的形式の本音は内在的な本心に転化するといえよう。本音というものは、ついうっかり洩れる形式の真実であり、意識的に吐露する本心よりも未熟な真実といってよかろう。

表現が嘘であるか真実であるかを直接に知っているのは、表現者本人である。表現者本人の判断によってこそ嘘とまことの区別は確立するのである。嘘とまことの区別は、外在的交信活動においてはまだ隠されているのである。認識と表現の一致が、あたかも物質的実在化に終わる真実であるかのような姿をとり、その判断（認識）としての本質がわかりにくいのもそのためである。表現上の真実は、外在的な交信活動の体験が個人の意識にフィードバックして、個人の意識の内在的運動が交信形式をとるようになることによって成立するのである。発達した個人の意識は、独りでいる場合でも、他人と話しているような形式をもつに至る。意識が意識を意識対象にする関係が、自他の意識の外在的関係から、自己の中の内在関係に発展的に転化する。自分の意識が自分の意識を認識対象にする関係が発生したときに、嘘とまことの区別が自覚されるのである。ヴントのいう「経験とそれに対する反省の区別」がそれに当たるであろう。また、ストア学派の真理である「把握的表象」やそれに対するヘーゲルの批判的意見もこのあたりに関係しているであろう。

ここで肝心なことは、嘘も誤謬も判断としての同一性を保持するからといって、その区別を捨象してはならないことである。したがって、嘘に対する表現上の真実と、誤謬に対する認識上の真実の区別をあいまいにしてはならないのである。「対象と意識との一致」という「真理の有名な定義」（例えば岩波文庫、レーニン『哲学ノート』第二分冊一一〇頁（改訳版下巻一〇三頁））にはこの点のあいまいさから脱しきれないところが残っていたのではないだろうか。認識と現実の一致は、単に思考と表象の一致に終わるものではないのである。

表現上の真実は、内心の考えや感情を正直に吐露するところに成立するのだから、表現される意識が客観的真理であるかどうかには関係なく成立する。だからそれは主観的真実と呼ばれたりする。けれども実際は、この場合でも判断は意識事実とそれに対する認識の客観的な妥当の度合いを問題にしているからこそ真実なのである。主観的真実は、認識内容から「人間にも人類にも依存しない」側面（レーニン）を捨象する意識自身の能動的働きの成果なのである。外部現実から借りた内容をすべてわきに保留して、意識の自己関係だけを問題にするような判断なのである。

表現上の真実は、客観的真理が観察者を捨象するのとちょうど対照的に、観察する人間だけを残して外部現実を捨象する。（コードウェルが芸術的認識を「対象の幻化」と評したのも、芸術の表現性に注目したからであろう。）それは人間関係だけに焦点を絞るような真実なのである。従って、科学至上主義的な意識が真理と実在を混同し易いのと対照的に、表現主義的意識においては、真理がすべての主観への普遍妥当（共同主観）と混同され易いのである。

芸術の本質が自己表現であると解釈される場合に、芸術的真実が主観への妥当と受けとられ、すべての主観の共感をうる方向において真実性が深まると判断される理由もここに生じていると考えられる。だから、芸術評価において真実を基準に据えるといっても、基準になるのが表現上の真実か認識上の真実かによって、まるで事情が変わってしまうのである。毛沢東の「文芸講話」の場合には、現実主義という言葉は使っているけれども、その主張の内容は階級主観（共通主観）への合致が主眼となっていて、超階級的真理はありえないという立場だから、マルクス、エンゲルス、レーニンなどの芸術的リアリズムが作者の政治的主張に逆らってさえいるのとは、余程意味がちがっている。

表現は意識を起点として内から外へ向かう遠心的運動であり、意識を外化する実践である。だから意識を表現に合致させることは技術問題に移行して行く。表現上の真実においては、表現される意識内容への批判検討は一応保留して、「内容と形式の一致」をはかる技術的課題が真実性の度合いの測定基準として浮かび上がってくることになる。

いずれにしろ、嘘に対するまことが主観的真実と呼ばれるのは、表現実践に対して表現さるべき主観が動かしがたい前提として与えられているからである。主観とは、実践過程にある意識の容態のことといってよいだろう。実践の起点にあって衝動力や規制力として働く主体の属性としての意識機能である。表現活動においては、欲望や感情だけが表現されるのではなく、知識や考えも表現されるわけだけれども、客観的内容をもった知識や考えも表現過程に入る時には、主観の座に坐り、主観的に振る舞うといえよう。つまり主体の意見や主張という容態をとるのである。

主観的真実と客観的真実は、方向が違って居り、一見無関係なように見えるけれども、実はその対向性自身によって不可分に結びついている。無関係なように見えるのは、意識が対向的な真実を捨象することによって、それぞれの真実を抽象するからなのである。

主観の働きに依存せずに客観的真実を獲得することはできないし、客観的真実に依存せずに主観の合意をかちとることもできない。主観そのものにも客観的根拠があるのだから、主観を認識にとって無用の長物であるかのようにいい、ただただ主観を排除することによって真理に到達できるかのように思うのは、客観主義的幻想に過ぎない。主観と誤謬は同じではない。

人知の発達の上で、経験の交流をはかる社会的交信活動の役割が大きかったことは、ほとんど論証の必要がないだろう。自由に主観を述べ合うことで直ちに真実がつかめるわけではないけれど、正直に気持ちや考えを交換することは客観的真理を獲得する近道であるだろう。真理のためには主観の表現は抑えた方がいいなどということは、少なくともいえないだろうと思う。

科学的認識は、認識内容から主観的側面と客観的側面を撰《よ》り分けるけれども、意識の正直な表現を妨げているわけではないのである。芸術的真実についても、それがただ主観（内容）と表現（形式）の一致であるかのようにいうのは、主観的真実と客観的真実の相互作用についての認識不足だと思う。芸術は芸術独自のし方で対象的現実を客観的に映しているのである。

科学的真理や芸術的真実の特性については、なお別に述べねばならないが、今は、真理の多様な外延や位相への理解の手がかりとして、認識の真と表現の真の対向性と同等性をごく単純化して論じたのである。

認識の真と表現の真の関係だけで真理のすべてが明らかになるわけではないが、少なくともこの分化は、真理の屈折性、反映規定的本性を示す意味で重要だと私は考えている。この分化に基いて真理の多様な組み合わせや重層的発展が可能になるのだと思う。

しかし真理論にとって一番重要なことは、真理が多様に分化することの認識にあるのではない。真理が広い外延をもつことによって、ますます緊密な「認識と現実の一致」を達成することであり、真理が無限に現実に接近する認識過程そのものだということである。

主観的真実と客観的真理の分化は、人間の認識がさらにそれらを再統一した、より高次な現実把握へと進むであろうということをそれ自体で暗示している。

単に外的知性による客観的把握でも、単に内的感性による主観的把握でもなく、客観的であると同時に主観的な、理性的形式において把握された真理こそが明らかにされねばならないだろう。それはいわば人間精神の具体化であり、最高社会において、真に人間らしい人間存在が出現した時に普遍的に達成されるような「認識と現実の一致」である。

したがって理性的に把握された真理は、実在をただあるがままに映し出すにとどまらず、実在をあるべき姿において映さねばならないのである。自然必然性の認識にとどまらず人間的当為の認識に進まねばならないのである。当為はそれ自身で実在と真理の接近であるが、当為の認識においてこそ、実在と真理の区別ははっきりもするといえる。

人間的当為の認識は、決して真理を実在に先行させ実在の基礎的意義を否認することではない。それは自然必然性の認識の否認ではなく、自然必然性の重層的発展としての人間的必然を認識することである。

人間は創造的存在であり、与えられた自然としての自己とその環境を改造しつつ存在する。

だから自然のままでないことが人間としては自然なのである。自己変革的に発展する人間生活の現実の中には知性や感性も変化発展しつつ含まれている。人間的理性は、このような全過程の統体的な結果として生まれることによって、その人間的存在の理由へとフィードバックするような認識なのである。理性は、人間の発展的存在を貫く自覚として、人間的実在そのものが無条件的当為であることを証《あか》し立てる。人間とは、不断に人間になろうと努めることによって人間性を証し立てるような実在なのである。

現実を理性的に把握することは、意志的に把握することであり、単なる主観的把握ではないが、また、単に「人間にも人類にも依存しない内容」を客観的に把える科学的知性をも越えている。

〔一九八三年四月号〕

六　科学主義の限界

私が科学的知性を超える理性を問題にするのは、悟性と理性の区別を訓詁学《くんこがく》的にあげつらってのことではない。第一私はその区別を訓詁学的にあげつらうほどの知識をもちあわせてはいない。私は大衆の一人として、最も今日的な、最も具体的な、最も大衆的な感想を科学に対して述べているに過ぎない。

手っとり早く譬《たと》えるならば、いわゆる「草の根の反核運動」に唱和しているだけのことである。そこには、科学のあり方への大衆の批判が端的に表れている。科学的真理の没価値性を否認する津田孝は、反核運動こそ科学的認識の表れであり、核兵器は似而《え》非《せ》科学の表れだと主張するかもしれない。しかし、それは無理だ。反核運動に参加するには、格別に科学的知識がなくてもできるが、核兵器をつくるには科学的知識がなければ不可能なのである。小学生による核兵器への批判を科学と呼ぶのは、こじつけに過ぎない。

われわれ大衆は、今、科学の外から科学に対して批判を行っている。この事実をもし認めないとしたら、それこそ甚だ非科学的である。事実を事実として認めないような認識を、われわれの常識は科学的とは呼ばないからである。

科学的真理が没価値的か否かは、真理論の重要な争点の一つであるが、それはいいかえれば科学とは何かという問題でもある。認識はすべて科学に帰一すると考えている人と、科学的認識は人間の認識の特殊な一部であり、認識の一形式に過ぎないと考えている人とでは、はじめっから話がくいちがってしまうのである。

人間にとって好ましいか否かにかかわりなく、現実はこうだ、こうすればこうなる、などの事実関係を明らかにするところに科学的認識の特徴があると私は考えている。レーニンがいう

「人間にも人類にも依存しない」ような認識内容としての客観的真理を明らかにするところに科学的認識の主眼があると考えている。そして、この解釈は津田の科学観に合致しないとしても、普通人のごく普通な科学観と合致すると思っている。

社会科学の場合は、人間生活そのものが認識対象になっているから、自然科学の場合とはやや事情がちがうけれども、それが科学性を貫くには、やはり対象となる人間生活を自然的対象の場合と同じように冷静に観察し、主観的願望には左右されずに、観察者にかかわりない事実関係を明らかにしなければならないのである。社会科学の内容もやはり客観的真偽が問われるのである。

科学的真理が没価値的であるというのは、科学的真理が人間生活にとって役に立たないという意味ではない。科学は重要な生産力である。科学的真理が有力な価値対象性であることはあまりにも明らかである。だが、科学的真理が価値対象性をもち、端的に実用的な価値実体でもあるのは、科学的認識が認識内容から価値判断を捨象する事実認識であるという特性にこそ依存しているのである。地球が自転するという認識は、自転する方がしないよりも人間にとって価値があるという判断ではなく、そういう価値判断から解放された事実認識であるからこそ、科学的価値をもつのである。

人間や人類が存在するしないにかかわりなく事実としての現実は存在する。しかし人間のいないところで価値を云々するのは無意味だと私は考えている。価値は人間を前提にしてはじめて存在しうる関係的対象性である。すべての対象は人間と現実的な関係を取り結ぶことによって、はじめて人間にとって価値や反価値に転化するのである。人間と無関係に「価値自体」(または反価値自体)が存在するわけではない。人類の外に超越的な価値自体を想定する人もいるけれども、私はその説をとらない。

人間という主体的存在を基準にしないと、良し悪しの判断は全く奇妙なものになり、結局は価値の実質的崩壊に導かれるだろう。価値の自然的実在を(善や美が人間と無関係に実在すると)主張する人が、やたらと自然を破壊するという理由だけで人類を批難するとしたら、自然的実在としての価値(例えば自然美自体)を保全するためには人類など亡びてしまった方がよいということになりかねない。現に、反核運動に反対する一部の知識人の中にはそれに似たアナーキーな傾向も見えはじめている。やたらに人権をふりまわすのはけしからん。ゴキブリの権利やヘドロの権利だってあるはずではないか、というわけである。しかし、人類の滅亡をも肯《が》じ《えん》かねないところに如何なる価値基準がありえようか。

われわれ普通人が人間の自然破壊を批難するのは、実は人間の生存に必要な自然環境の破壊を批難しているのであって、人間を基準にし、人類の保全を中心に据える主体的立場からの価値判断なのである。「白い猫でも黒い猫でも、鼠を取る猫が良い猫だ」といういい方は、鼠《そ》害の駆除に猫を使用する人間中心の判断なのだ。

したがって、「人間にも人類にもかかわりない」ような脱主観的な事実認識には価値判断は含まれていないことになる。認識における「人間の幻化」とは価値判断の捨象にほかならないのである。

人間主体を基準にしなければ価値がなり立たないと主張することは、価値即実在説の否認であっても、決して価値の客観性の否認ではない。また価値と価値判断を混同しているものでもない。主観的な価値判断がしばしば価値を把《とら》え損うことは、われわれの経験がよく知っているところである。価値判断も認識であるから、対象としての価値とそれに対する価値意識との間には、一致と不一致、つまり真偽関係が発生する。けれどもこの場合の真偽は、主体の保全を基準とする価値関係の存在を所与として前提した上での、その関係を意識へ把握しようと志向する真偽であるから、人間を捨象した科学的真偽とは区別されるのである。

要するに、人間の認識活動は発展するに従って、事実認識と価値認識に分化する必然をもっているということである。人間は、事実と価値という異なった言葉をつくり出し、それぞれに別の意味を付与するようになる。これは決して人間の主観が勝手にやっているのではなく、人間の対外的活動のし方における現実的分化が意識に反映してのことであろう。したがって、この必然を洞察した自由な人間的認識が、事実認識と価値認識を区別した上で両者の統一を自覚的にはかるのは、きわめて当然のことであって、少しも批難さるべきことではない。

科学的真理の没価値性を否認する津田は、事実と価値の区別や、事実認識と価値認識の分化を認めないのだろうか。知覚的側面と感覚的側面の矛盾こそが意識だと認めないのだろうか。

津田は自分の科学観については何も語らず、何の論証もなしにただ科学的真理の没価値性を否認するだけだから、彼の意見の詳細はわからない。けれども、自分の科学観を呈出せずに他人の科学観を否定したり、論証なしに他人の意見を誤りと断定したりするのは少なくとも不当だと私は思う。

私が、批評活動を科学に解消できないと考える理由はこれだけではないけれども、科学的認識の主眼が事実認識であって価値認識ではないという理解が根本になっている。

これこれの細菌をこれこれの仕方で撒布すればこれこれの程度に人間を殺すことができる、ということを明らかにした『悪魔の飽食』の関東軍七三一部隊の研究成果は科学的真理である。それを科学的真理と認めないわけにはいかないと私は思う。このことは、七三一部隊が人間にとって何が一番大切かという価値についての研究を行っていたことではない。全く反対に、人間や人類にとって何が大切か、人間なら何をなすべきか、等の研究を全然無視することによって彼らの研究は科学的真理たりえたのである。

もし彼らの研究成果が科学的真理でなく、何ら現実に合致せず、何の実効も発揮しないとしたら、われわれが七三一部隊を批難する根拠も、半分は失われる。われわれが批難するのは、七三一部隊の活動が非科学的であったからではない。その活動の反人間性を批難するのである。人間を殺すための彼らの実験がまさに科学的であったからこそ、なおさら批難するのである。彼らの思想はあまりにも貧弱であった。

重ねていうが、知性と理性の区別を私は超歴史的に主張するのではない。科学と思想ははじめから今日のように分裂していたのではない。今日には、科学と思想の統一について特別の配慮が要求される事情があるのである。まさに今日的分別がわれわれ大衆をして科学批判に趨《おもむ》かせるのである。今日とは、科学的思考が輝かしい暁を告げた、いわゆる啓蒙主義の時代のことではない。その時代には、若々しい科学と進歩的思想とはむしろ自動的に結びつくように思われていた。また、今日は、「価値からの自由」を信条とするマックス・ウェーバー的科学主義の時代とも異なっている。核エネルギーと遺伝子工学の開発、コンピューターとロボットの波、など科学技術のいわば極限的発展に特徴づけられるような現代に、科学と思想の関係があらためて問題にされないとしたらおかしいのである。

今日の科学批判のすべてを、古い時代の反動的反科学主義とひとしなみに扱うのは、その人自身の思想が時代に立ち遅れていると評するほかない。認識はすべて科学に帰一するという一種の科学至上主義的固定観念は、科学とヒューマニズムが自動的に結びつくと信じられていた古い時代の名残りであろう。この古い科学主義的固定観念は、思想や芸術もやがては科学の中に解消するなどと大まじめに論じたりさえしたのである。非科学的な感性的認識などというものが仮にあったとしても、それは未開的な認識であり、やがて科学に達する道程としての「前論理的」段階であるに過ぎないというのである。彼らにとっては科学的認識こそが最高の認識であり、認識のことはすべて科学にまかせるべきだと考えたのであろう。思想や芸術のもつ独自の認識機能を承認することができなかったのである。

私は論文の中に他人の意見を引用するのを好まないし、他人の意見が論証に代わりうるとも思わないけれども、例えば近頃「赤旗」に掲載された真下信一・古在由重往復書簡には、私のいいたいことが私よりうまく述べられているという気はする（「赤旗」〔一九八三年〕二月二十日付、及び三月六日付）。この両碩学《せきがく》の文章が、事実認識と価値認識をはっきり区別した上で、ヒューマニズムの思想の重要性を説き、科学的主知主義の限界を指摘しているのも、やはり今日的問題意識に立ってのことだろう。

私の解釈では、真下のいう理性と、古在のいうコモン・センスは実質的に合致する。それは科学的知識や知能ではなくて、人間性の発現としての思想である。思想は哲学として学問的形式をとる場合もあるけれど、またすべての人々の中に形成される人間的生活信条として大衆的形式をもとる。それは特定の専門技術や知識ではなく、つまり「分科学」ではない。人間生活の全体を人間らしさへとまとめあげるような認識である。だから哲学者などと自称していても、さまざまな哲学についての知識を寄せ集めて持っているだけの人は、ただの哲学的専門家であって、専門家である分だけほんとの思想家にはほど遠かったりするのである。

だから例えば、『ソクラテスの弁明』における「ものを知らないという自覚」に立った非専門家的賢者も、科学に対する思想の独自性の意識の「はしり」といえるかもしれない。けれどもその時代には、諸科学はまだそれほどはっきりと確立してはいなかったし、従って諸科学を貫く科学的共通性もそれほどはっきりはしていなかったであろう。科学と思想の関係が本格的に問題意識にのぼりはじめるのは、いうまでもなく近代科学の確立以降のことであろう。科学は頑迷固陋《がんめいころう》な前近代的思想と激しくたたかいながら姿を現した。だから必然的に、科学は新しいヒューマニズムの思想との相互作用のうちに開花することになった。科学が人間と対立する側面は、はじめのうちはそれほど問題にならなかったのである。もちろん、例えばラッダイツの機械打ち毀《こわ》しのような矛盾は、すでに早くから現れていたけれど、それは科学研究そのものの没価値的危険というほど深刻な意味としては悟られなかった。

科学的認識が「すべての観察者を捨象し」、科学的真理が「人間を幻化」するのに調子を合わせて、科学技術は生産過程から人力を省いて行く。このなり行きが、結局世界から人類そのものを省略してしまうことになりはしないかと、本気で心配されはじめたのはごく最近のことである。生活のすみずみまで科学的に自動化された都市においては、「なんとなく、クリスタル」（田中康夫の小説）な消費生活によって、まず手はじめにヒューマニズムが省略されかねない。そこに理性的コモン・センスの側からの猛反撃が開始される理由があるのだろう。

もちろんヒューマニズムは、金儲け本位の社会体制から生ずる価値観の腐敗に対して反撃しているのであって科学研究そのものを批判しているわけではない、ということもできるであろう。けれども、科学的活動や科学的真理が腐敗した価値観に結びついたり従属したりすることがありうることに眼をつぶったのでは、ヒューマニズムのたたかいは成功しないだろう。

科学は自動的にヒューマニズムに結びつくものではないという認識において、今日のヒューマニズムは近代初頭のヒューマニズムよりもはっきりとした成長を示さねばならないのである。そして、金儲け本位の死の商人的思想や、非科学的迷信とたたかうだけでなく、いわば科学至上主義的迷信ともたたかわねばならないのである。

戦後のいわゆる「高度成長」の時期に、バラ色の「未来学」が流行し、怪しげな未来学者なるものが「イデオロギーの終焉」を予言したりした。要するにそれは、科学技術の自律的発展に下駄をあずけさえすれば、思想は不要になり思想的紛争もなくなる、という類いの生産力主義的モダーニズムの一種に過ぎなかった。だから、高度成長が行き止まると共にバラ色の未来学も行き止まり、「イデオロギーの終焉」は終焉した。バラ色が退いた後の舞台は一転して低成長と不況にふさわしい「黒々とした情念」や怨念などが登場し、世界の終焉について盛んに語られるようになる。科学への盲信は再び科学不信に席を譲ったかのようにも見える。いずれにせよ、これらの推移の中に現代人の科学観がゆれ動きながら、人間は科学をいかに統御すべきかという人間中心的な当為の認識に進みつつあるのがうかがえる。

現代人の科学批判は、いわゆる疎外論の一環なのである。もともと人間が産み出した人間自身の能力である科学が、人間の中からぬき去られ疎遠な力として人間の外に屹立《きつりつ》するに至っている。人間の認識の成果である真理が、人間の外にある人間とは無縁な実在であるかのように思えたりするのも、人間がこのような科学的疎外の中にありながらそのことに気づかずにいるからなのだ。

近頃、日本人のロボット感覚が問題になっている。「鉄腕アトム」や「アラレちゃん」など、日本ではロボットはまだ救世主的であったりアイドル的であったり、人間との親しさを保っている。それは、例えばイギリスの労働者が職場へのロボットの導入に批判的であるのが、いかにもラッダイツの伝統をもつ国民らしいのと対照的だというわけである。たしかにそのような対照関係はあるかもしれない。しかし現代人にとって重要なのは、科学への盲信も科学への不信も、もともとの根拠は同一であり、科学における疎外現象の両面に過ぎないということの認識である。どちらの場合も人間がこの疎外現象に対して受け身にとどまっていることの反射なのだ。

人間疎外に対して受け身になるということは、とりもなおさずヒューマニズムの衰退なのである。何よりもヒューマニズムの衰退にこそ人類の危機があるといってよいのではないか。人間とは思想的存在なのである。人が思想を放棄して生き永らえたとしても、そこにはもはや人間はいない。人類の大義とは人間が人間であることの原因となる思想のことであろう。理性とは人間が人間である理由の認識であろう。

私は前述の真下・古在往復書簡がヒューマニズムに新しい光をあてていることに注目したい。ヒューマニズムの今日的意義の確認を私はそこに感ずる。今までの社会主義運動の一部には、民主主義の軽視とならんでヒューマニズムの軽視もたしかにあったと私は考えるのである。社会主義は本来ヒューマンな要求であるから、社会主義者であるそのことのうちにヒューマニズムがあるといえばそれまでだけれども、自覚的にヒューマニズムを追求しようとはせず、社会主義とヒューマニズムを対立させようとする傾向が一部にあったことを私はいうのである。その傾向は、極端な場合にはヒューマニズムを偽善的と見なしたり、それほどでない場合でも、何か生ぬるい未熟な思想として軽蔑的に扱ったりしたのである。ヒューマニズムを承認する場合でも、プロレタリア・ヒューマニズムとブルジョア・ヒューマニズムを峻別するようなし方で、ヒューマニズムを分断したのである。つまり階級意識を人間意識に優先させるような傾向があった。これは本来階級の消滅を求めるはずの運動としてはまことに奇妙な矛盾であった。

まるで階級制度の永久保存を望んでいるかのような階級意識の尊重、アラゴンのいった「プロレタリア万能主義」的傾向、それは革命運動の中に普通人の世界では到底見られないような非常識な行動をさえ生んだ。

人間性と常識の関係についての古在由重の考察は、まことに時宜《じぎ》に適した深い意義を担っていると思う。常識への軽蔑は革命運動の内部だけでなく、いわゆる知識層一般にかなり拡がっているからである。その軽蔑はエリート意識なのである。つまり階級意識なのだ。被差別的階級意識も固定化されると優越意識に転化するのである。

民主主義やヒューマニズムから切断された社会主義制度は、擬制的なものであり、まだほんとの社会主義社会ではないということは、歴史によって日毎に明らかにされつつある。「単なるヒューマニズムではだめだ、階級意識をもて。」などというい方は逆転されなければならない。民主主義やヒューマニズムは社会主義社会に至るまでの道程や手段ではない。民主主義的人間関係やヒューマニズムこそが実現さるべき目的としての人類の内容なのである。

反核運動の拡がりに象徴される現代は、一方では人類の存亡にかかわる危機を表現していると共に、他方では人間性の実現が進みつつあること、価値の基準が確立しつつあることを表現している。

科学の疎外現象を克服する理性と常識の運動もかつてない高まりと拡がりを見せている。それは科学と思想の適切な統一が迂余《うよ》曲折のたたかいを通して進みつつあることである。それは科学研究の自由に関する認識が一段と深まったことを意味する。単純化していうならば、科学研究を権力や金力の干渉から解放して科学自身の自律にまかせるという考えから更に一歩進んで、科学活動をヒューマニズムの運動と再びはっきり結合する必要が認識されつつあることである。ヒューマニズムの思想と結びつかない限り、科学は政治権力の干渉や経済的圧迫から有効に解放されることもありえないことが明らかになりつつある。

いいかえれば、科学至上主義や科学自律主義の限界が明らかにされたのである。例えば朝永振一郎が最後に達した考えなどは、「何のための科学か」という科学者たちの戦後最初の問い直しよりもはるかに進んだ内容をもっている。それは、科学を戦争に使わずに平和に使え、とか、金儲けの手段にせず人間の福祉に役立てろ、とかの主張にとどまらず、科学的自律そのものの危険を深く洞察していた。科学的真理はそれをどんな実用に供するかさえ注意すればよい、真理の認識そのものは科学の自由に任せてよい、という考えをはっきりと否定するものであった。それは、ヘーゲルからマルクスに受けつがれて深められた弁証法的認識論を思い起こさせる内容である。認識過程そのものの中に実践を位置づけるということの意味が新しいリアリティーをもつのである。自然科学は認識過程の中に多くの実験を含んでいる。早い話、核爆発は核爆弾の実用段階においてだけ起きるのではない。核エネルギーの認識のための実験においても爆発は必要になる。そして、認識過程の実験においても自然界に不可逆的な変化を引きおこすのである。科学技術の力が巨大な影響をもたなかった時代には、問題にならなかったことが今日では重要問題になる。遺伝子工学の実験などもどんなとり返しのつかぬ結果を齎《もたら》すか簡単には予想できないのである。しかも実験によって検証されないうちは真理は成立しないのである。

ヒューマニズムの立場からいえば、実証してはならない科学的真理が存在することが明らかになった。いいかえれば、科学の自由とは、人間が人間性に基いて科学研究を統御することにほかならないことが明らかになった。これは科学のことは科学者にまかせろという考えから一歩先に進むことである。原子力の開発の管理は、厳密に科学的に行われなければならないだけでなく、地域住民をも含めた広汎な「普通人」の人間的「常識」の参加によって行うことこそが、管理の最も重要なポイントであることが明らかになったのである。

科学と思想の関係については、まだまだ多くの研究課題が残っている。科学に階級性があるか否か、科学はイデオロギーでありうるか、などについては従来もしばしば論じられてきたけれども、まだすっきりした結着に達していないからこそ、私と津田の対立も起きているのである。今日でも、思想を科学に解消できると考えている人はいる。言語の記号的処理や数理的計算を哲学に導入する試みなども熱心に行われている。またサイバネティクス機器による情報処理によって哲学的反映論を代行できるか否かなどが論じられている。

これらは今後の共通の研究課題として認めておきたい。私は今性急な結論をおしつけるつもりはないけれど、サイバネティクスと反映論の関係については、それを科学と思想の問題として拙著『反映と創造』の中で触れた。私の感想は全く素人的なものだけれども、こういう問題にはまさに非専門家の参加こそが今日的要請だと考えて書いたのである。私自身の結論は今まで述べたことでも察していただけるように、大体はっきりしている。私は、これらのことがらが哲学的思想的に議論されているまさにその事実によって、ほぼ結着は予想できるように思う。サイバネティクスで反映論を代行できるかどうかを、誰もコンピューターに聞こうとはしていないのである。価値とは何かをコンピューターに聞く人もいない。

〔一九八三年五月号〕

七　本音、本心、真心

本音も本心も真実の外延的ヴァリエーションだけれども、ニュアンスが異なることについては前に書いた。どちらも嘘との反映規定関係をなしているけれども、その自覚度に差があると思う。本音は内心と一致した表現だけれども、本心は、じかにその内心を指示している。外部に表現されるされないに係わりなく、自己自身の反省によって把えられる心の真実態である。内心において既に嘘と本音との区別がなされている状態といってよいだろう。つまり本音と本心は一致するからこそ、本音であり本心であるわけである。本音と本心は、実質上同一と見なされてもいい。どちらも内心の意識事実についての認識だからである。

ところが、等しく意識に関する真実であっても、真心（まごころ）となると本音や本心とのちがいをそう簡単に無視するわけにはいかない。私は里見弴《とん》の真心主義の内容がどんなものかよくはしらない。だが、いつも本心を述べる本音主義と真心をもって他人に対する主義とは必ずしも同じではないだろう。

真心という言葉は、無差別に意識事実を指すのではなく、誠実な心と不誠実な心を区別して、誠実な心の方を真の心と判定する意味を含んでいるように思う。つまりこの場合の真は、単に事実認識としての真なのではなく、心への評価が含まれている。価値認識における正しさという意味においての真実がここに登場しているといってよいだろう。

真心も「ほんとの心」だから、本音や本心と共通してはいる。本心でなければ真心とは呼べまい。だが、すべての本音や本心が真心であるとはいいがたい。「貧乏人は麦を喰え」という発言は、そう発言した大臣の本音であり、本心の表現だと認定はできても、そこに真心があるなどとは認定できない。逆に、民衆への不誠実と真心の欠如こそが感じられるのである。

ここで確認しておきたいことは、真偽の区別は事実認識に適用されるだけでなく、価値認識にも適用されるということである。真心だけでなく、真人間などの概念も、価値判断に適用された真実の例証といえるであろう。

このことを逆の方からいい直せば、事実認識だけが認識なのではなく、評価という行為も価値認識としてやはり認識活動なのだ、ということになる。芸術の内容は感情的評価を含むから芸術は認識活動ではないという類いの意見をしばしば見かけるが、そしてそれがさも芸術論上の新発見であるかの如くにいう人さえあるが、私には全く古臭い科学主義の名残りのようにしか思えない。私が自分の無学を省みず、あえて芸術論に挑戦してきた主要な問題意識もここにあった。感情は知性ではない、従って感情には認識機能はないという教条主義的見解に素人の立場から反撥《はんぱつ》することであった。私は、「感情は漠然とした知識である。」というような啓蒙主義時代の意見に戻ろうと試みたのではなく、むしろ、本質上そのような意見の惰性的踏襲に過ぎないところの、科学至上主義的、学者的独善に反撥したのであった。

感性と知性を等質な認識の度合いの区別として把えるのではなく、また、全く異質で逆方向の意識として切り離すのでもなく、事実認識と価値認識の歴史的分化過程として把えるところに私のいいたい肝心の点があった。芸術が認識でないならば、そこに真実性を問われる理由もないし、リアリズムという方法が成り立つ根拠もないというのが私の一貫したいい分であった。科学的認識とは区別される芸術的認識を強調したのはそのためであった。

しかし今問題にしているのは芸術的認識のことではない。話を真心に戻そう。要は、価値判断にも真偽の別があるということである。

本心は必ずしも真心ではないが、正直に本心を述べる習慣は真心の形成につながるであろう。正直はそれ自身で一つの誠実である。だから正直は本心に反作用せずにはおかない。例えば、他人をだまして財産を横どりしてやりたいというような本心は、これを正直に発表すれば本心の望みそのものが満たされない結果になる公算が大きいから、正直であることは他人に対する不誠実な本心とは一致しにくい傾向があるわけである。不誠実な本心は意図的に隠される必然性が働き、うっかりと本音が洩れる場合があっても、それは自覚的な正直でないのが普通であろう。だから正直を貫こうとすれば、自然に本心の内面を誠実化する必要が生じてくる。

けれども、強盗や脅迫者の場合のように、凶悪な本音がことさらに意図的に吐露されることもあるから、本音主義と真心主義は短絡的に一致しはしないのである。ここで注意すべきことは、本音主義は本音そのものではなくて一つの建前に転化していることである。近頃のたいていの本音主義者はこのことに気付いていないように私には観察される。彼らはただひたすら本音を無差別にありがたがり、建前一般を軽蔑して得々とすることによって、自ら最も安易な建前主義に転落している。本音主義と真心主義の区別を本音と建前の対立のように考えるのは誤りであろう。ここでは二つの異なった建前が対立しているのであり、その対立そのものによって繋がれてもいるのである。そしてその背後には本心の葛藤と発展が隠されているのである。

本心の自覚から真心へという発展は人間性の必然であるという認識が、今日ことに重要であろうと私は考えている。真実の歴史的発展の重要な一環としてこのことを考えたい。

本心を正直に述べることが、不誠実な本心と結びつきにくいことは、他方からいえば、正直が本心に反作用して誠実な方向へと本心を育てる必然を物語っている。正直を習慣化すると心に誠実が定着するのだ。つまり、表現活動を媒介にして心の人間性は育つのである。表現による社会的交信を通じて真心が育つとしたら、それは人間の公共的本性が社会生活の反映として個人の意識にフィードバック的に形成される過程であろう。社会から疎外された動物的個人には、本心や本音があったとしても真心は育たないであろう。誠実や誠意は、他人との連帯関係の体験を通じてのみ自己のものとなる。

八　ハートの問題、価値意識と意識事実、及びその逆

真実の社会的性格については、真理と真実の起源を論ずる際に再び詳しく触れることにして、ここでは価値認識における真実の問題にもう少しこだわることにする。

われわれは、心という言葉によって未分化な意識の全体を指示しもするが、また微妙な度合いにおいて知性に対する感性の分化を意味したりもする。心は、胸中の意識、ハートの意識として、頭にある知性と区別されることもあるのである。もちろん、意識が心臓にあるとするのは科学的にいえば誤りであろう。心臓が動いていても脳に故障が生ずれば意識は失われる。けれども、「胸の高鳴り」に自己の根元的な生命活動を悟ることには現代人にとっても実感が湧く。自分の鼓動を意識しているのは頭脳なのだけれども、自分が感性的に活動しているという事実は、まさに胸の中に感じられるのである。

心の存在は、外部現実の知覚から逆算的に推測される以前に、体内の情動感覚として直接に意識される。主観的な欲求こそが意識事実の最初の自覚といってもよいだろう。痛みにしろ喜びにしろ、その意識の客観的あり場所と主観的あり場所は異なっている。主観自身にとっては、

意識は決して頭脳にあるわけではない。腹の底から喜んだり、指の先が痛かったりするのである。心の主観的あり場所がハートと規定されたことにはそれなりの理由があったであろう。

意識事実の最初の自覚としての主観的情動や欲求は価値意識の端緒であるといってもよいであろう。この自己中心的な意識が外界を自分にとって必要な対象として欲するのである。必要を満たすものが価値であるとしたら、欲求や情動は外的対象に価値を感じているのである。価値に反価値が含まれるように、情動には嫌悪も含まれる。

欲望や感情がただ外へ向かって遠心的に動く衝動であって認識機能ではないという説は、教条主義的神話に過ぎない。その神話は欲する対象のない欲望や、対象に対して何も感じない感情など、およそありえないような怪物をでっち上げる。対象世界に対する何らかの判断であるから欲望と呼ばれたり感情と呼ばれたりするのだろう。対象世界への判断をもたない先験的欲望や先験的感情は、一体どのようにして、欲望であったり感情であったりすることの身分証明を得るのか。

主観的情動や欲求は、対象世界の中から主体にとって好ましい現実と好ましくない現実を本能的にえり分け、必要なものと不必要なもの、有益なものと有害なものを体験的に選別する。主観は価値判断の軸を据えるのである。規準でも基準でもない、判断主体としての軸である。主体の自意識（まだ自己認識ではないとしても）である主観を軸とせずには、如何なる価値判断も成立しないであろう。

しかしこのことは、主観が主体にとっての価値をいつも正しく認識するということではない。主観的情動や欲求は主体の保全にとって必要なものをいつも正しく選別するわけではない。例えば酸素を含んだ空気は人体の生命を維持するのに必要な、しかもきわめて基本的に重要な価値対象であるけれども、われわれの主観はそのことを格別に欲求として意識しないままに呼吸活動を続けている。通常の生活では、呼吸活動が意識的に行われるのは体操における深呼吸のような場合だけであり、空気が主観的に欲求されるのは、空気不足の状況下で呼吸活動に追い込まれたような場合だけといってもよいだろう。そしてまた、主観は、健康に有害なことが客観的に明らかになっている煙草などを欲したりもするのである。

人間にとって何が必要で何が有害かなどの価値判断の客観的妥当性は、主観的判断だけでは保証されない。価値認識を正しく発展させる上で、科学的知性の参与が果たした大きな役割は誰も否定できないであろう。けれども人間的主体の保全という主観の根本的欲求を無視したところでは、科学は如何なる価値判断も行いえないのである。空気の価値や煙草の害を科学的知性が明らかにしたとしても、それは健康の保持という主観的欲求に科学が協力したからなのである。人間としての主体の欲求を放棄し、人が死のうが病気になろうが一向にかまわないという立場からは、空気も煙草も単なる没価値的な事実になってしまうのである。

普通の事物のほかに価値という特別のものがあるわけではない。人間との関係で事物は事実から価値に変わるのである。これは人間の働きによって価値が事実に変わる過程でもある。労働による価値実現とは、価値を事実に変えることである。事実が価値になるのも、価値が事実になるのも人間の所為なのである。そして、このように事実と価値の相互転化を人間生活の中に認め、価値の由来を事実過程として説明することは、価値認識であるとともに事実（人間の事実）認識でもある。

事実認識と価値認識の対立と統一の運動は、まず心という仮象そのものの両面的矛盾として萌芽している。心は現実の意識であるから意識の現実になる。まず内心の事実として覚《さと》られたものは、外界への価値意識にほかならなかったのだ。最初の意識事実が価値意識であったということの中に、事実認識と価値認識の分化が萌芽していると思う。本音や本心と呼ばれるものは主観（欲求、感情）のことなのであって、外部事実への知識のことではない。だがそのことは、まさにその時本心という意識事実が認識されたことを意味しているのである。

端緒的な意識においては、知覚と感覚は実質上同じものといってよいほどに、未分化な融合の中にある。けれどもこの融合的意識は、表から見れば知覚であるが裏から見れば感覚である、というような矛盾を既にはらんでいるのである。だから、価値意識が意識事実であるという統一関係を裏返して見れば、事実意識は価値実体そのものだという関係でもある。人間の視点を捨象した事実認識が人間生活に広く役立つ生産力的価値にほかならない関係は、既にその時芽生えていたといってよいであろう。心が心として自覚されるのは、心の外に立つ知覚の反省であるが、知覚は知覚自身の捨象であるために、心が心を自覚したような形式になるのである。

この関係は現実を意識に解消してしまうところの、主観と客観のマッハ主義的「原理的同格」などによって生ずるのではない。意識の本質が反映（反射、屈折）運動の重層化であることの証しなのである。

九　あるべき現実の認識、「まこと」の位相

真心や真人間の真には、価値認識が含まれているという意味は、認識がありのままの心やありのままの人間を把えているという意味での真、事実認識としての真を超えた内容の真だということである。そこでは心や人間の良し悪しが問題になっているのであり、判断の中に人間の願望が加わっている。しかもその願望が人間性の保全にとって適切なものであり、客観的な価値に合致しているということであろう。つまり「あるべき心」や「あるべき人間」を正しく把えているという意味の真である。

ここには、人間の認識活動における感性と知性の分化とその再統一の過程が表現されている。「認識と現実の一致」とは、認識が「ありのままの現実」に一致する段階から、「あるべき現実」に一致する段階へと進んで行くことである。それは、人間の実践が「あるべき現実」を創

造的に実現し、「ありのままの現実」に変えてしまう過程と対応している。
あるべき現実の認識としての真実は、真実と実在との区別をとりわけはっきりと証し立てる。実在と真理の混同の誤りは、それだけでは、単に事実誤認であったけれども、あるべき現実の認識としての真実とありのままの実在の混同は、人間性に反する不正義として非難されねばならないであろう。

真の社会主義国とは、現に実在している社会主義国のことではない。社会主義国のあるべき姿のことであろう。実在の社会主義国には、それが社会主義国ではあっても、まだ社会主義らしからぬところがたくさん残っていて、社会主義の建前に反する政策さえとられている。このような実状のもとで、真の社会主義国と実在の社会主義国を短絡的に混同することは、その混同者が社会主義者であろうと反社会主義者であろうと等しく正しくない。実在の社会主義国の未熟な欠点や反民主主義的政策をとりあげて、これこそが社会主義の真の姿だといって非難する反社会主義者も、また実在の社会主義国の欠点や誤った政策を隠蔽して、理想的な国であるかのようにいいくるめるのも、真実に反する点では結局同罪であろう。

社会主義的理想は科学的真理と結びつかねば実現されない。空想的社会主義が科学的社会主義に止揚されるのは歴史的必然であった。しかしそれは、真の人間社会の実現という理想を捨て去ることではなかった。あるべき人間、真の人間、科学には解消できない人間性の真実の発現こそ依然として社会主義社会の軸になるものであろう。

事実と価値を混同することは許されないけれども、両者は相互浸透的につながっているからこそ区別されるのである。ありのままの現実とあるべき現実も人間を媒介にしてつながっている。ありのままの本心から、あるべき真心への発展は人間性の発現過程なのである。

事実認識の真と価値認識の真を区別しつつ重ね合わせることは、真理の発展を重層的に理解することであるとともに、自然必然性の発展に基きながらそれを超える人間の自由の理念が確立して行く過程でもある。自由の領域においては、「あるべき現実」が再び「あるがままの現実」へと回帰的に上昇するであろう。そこでは、嘘をついたり人をだましたりする必要がなくなるから、真心がごく普通の心になってしまうのである。

真は「まこと」であるけれども、「まこと」は実でもあるし誠でもある。「まこと」のこれらの外延的諸相は、真理の発展の重層性を物語っている。真実は現実から派生した、二次的で、媒介的な、高次な重層的現実性なのだ。

再び価値認識における真の問題に戻るならば、それは、意識がほんとの価値をつきとめる意味であるから、そのこと自身の中に感性と知性の協力が暗示されているけれども、直接には、主観的価値意識そのものが客観的妥当性を獲得し、認識として発展することを指しているであろう。つまりそこには、人間の主体的自覚そのものの発展、人間の自己形成につながる問題がある。「人間にとっての人間」の実現の課題が見透かされるのである。

だから、ありのままの現実からあるべき現実へと認識対象が発展することは、自然の認識から人間生活の認識へと課題意識が発展することを意味している。それは単に現在の認識に基いて未来を予測するという意味を超えている。あるべき現実の認識というのは、例えば天気予報のような事実の予測のことをいうのではない。自然必然性の領域には「あるべき現実」などは存在しないのである。それは自由の領域にしかない現実なのである。

天気にも良い天気と悪い天気がある。しかしそれは人間中心的な都合を表現しているに過ぎない。晴れが良しとされるのは、その方が人間生活にとって都合のよい場合が多いからである。だから好天と呼ばれたりもする。しかし雨天も農民には必要であるし、晴天が続き過ぎて空気が乾燥すると人間へのさまざまな危険や悪影響が生ずるから、天候への価値認識はさまざまに変動する。

天気予報も天候の人間生活への影響を配慮して、さまざまな注意報や警報を行う。しかし、予報の主眼は、晴れるか降るか、吹くか吹かぬか、などの事実の予測である。いかなる天候が客観的に価値ある天候か、明日は晴れる方が良いか降る方が良いか、などの価値予測をしているのではない。もともと天候には、正義の天候と不正義の天候の区別などはないのだから、天候はいかにあるべきか、などを論じてもはじまらないのであり、「どうなるだろう」と予測するほかないのである。(もっとも、将来発達するかもしれぬ人工降雨などの加工天候の場合は、自由の領域に編入されるから話は別である。)

昔の人が神風や魔風を空想したり、雨乞いをしたりしたのは、事実認識と価値認識の分化が未発達であったためであろう。けれども、現代のわれわれが、そのような昔の人の幼稚さを笑うだけですますならば、事実認識と価値認識の革新的統一という今日的課題に有効に応えることはできないだろう。

ありのままの現実とあるべき現実をただ区別するだけで、その現実的な接点を発見できなければ再統一はむつかしい。

人間生活の未来は、天候のように「どうなるか」と予測するのではなく、「どうすべきか」と考えるのが正しいのだと思う。けれども、その方が正しいという判断は、人間生活の歴史的事実を反省することなしにはえられない。どうなるかと受け身に予測することから、どうすべきかと能動的に考える方向へ人間の判断が進んできたのは事実といっていい。だから、どうすべきかと考える方が正しいという判断は、どうなるだろうかという予測にとどまる人よりも、どうすべきかと能動的に考える人の方が、将来とも次第に多くなるだろうという予測の上に立っている。そこで、どうすべきかと考える方が人間の考え方の発展方向に合致しているという意味が生じてくる。だから、どうすべきかという問題もどうなるかという問題と無関係ではない。

日本の支配者が有事立法などという場合の有事という言葉には、自然現象と社会現象の区別をあいまいにして、両者の誤った混同をわざと招くような意図が見え透いている。戦争は地震とはちがうから、もし起きたらと考えるより、起こさぬように努力すべきなのだ。しかし軍国主義やファシズムが発生することにも客観的な根拠がある。だからファシズムと民主主義のたたかいが人間社会の避けられぬ必然だという認識は、自然現象の含む葛藤の認識と通じ合うものはある。

例えば「文化評論」五月号〔一九八三年〕に載った高田求の「文明論と宇宙論」は、このあたりの機微にも触れて時宜にかなった論究である。自然科学上の「エントロピーの法則」を社会法則にそのまま適用できるか否かという問題は、自然の進化という概念がそれ自体で価値概念でありうるか否かという問題につながっている。自然の進化と文化の進歩を混同するのもおかしいが、切り離すのも誤りであろう。高田はこのあたりの機微にさりげなく触れながら、エントロピーの法則を絶対的真理と見なすリフキンを柔くしかも正確に批判している。

天候には正義の天候と不正邪悪な天候の別があるわけではない。また、真の天候と偽の天候があるわけでもない。けれども、天候とは何かという概念に関していうならば、それについての正しい解釈と誤った解釈がありうる。天候という概念は、人間の認識活動をぬきにして自然的に与えられているのではない。だから天候の語義には正義がある。試みに広辞苑を引くと、正義という言葉には、「人の行うべき正しい道義」という意味と、「正しい意義または注解」という意味が並んでいる。その他に社会福祉や秩序に関する意味もあげられている。つまり自然現象の認識にも正義はあるのである。

何も私は語呂合わせに興じているわけではない。自然から天候という概念が抽象されてくる過程には、自然自体の側に、人の道義が形成されるのと似たような自己規制的運動があるのではないか、といいたいのである。

自然の運動自身が天候と呼ばれるような現象を集約する過程が存在しなければ、天候という語の正義もありえないであろう。異常気象という言葉がある。それは正常な気象を想定している。何をもって異常と呼び、何をもって正常と呼ぶのか。正常な天候という言葉には、良い天気という言葉に含まれているほど人間の側の都合は感じられない。正常な天候は、人間中心の評価であるよりは、天候自体に即した概念であると思う。毎年二百十日前後には台風が来る。それが気象の正常である。しかしその台風襲来は稲の成熟期と重なるため、二百十日は人間の側からは厄日とされて来た。(ここでは、天気、天候、気象、などの概念のちがいを捨象したままで論じた。)

私がいいたいのは、ありのままの現実とあるべき現実を通約し媒介するところに、正常な現実が位置しているのではないかということである。ありのままの現実には、当然異常な現実も含まれているから、正常であることはありのままであることではない。しかし正常であるということは、必ずしも優れていることでもない。優れた点ばかりあって欠点のない人はむしろ異常である。したがって、あるべき状態に踏み込み、そこへ向かってはいても、まだそこに達しないところに正常が位置しているように考えられるのである。

つまり、正常は普通である。だから非人間的自然をも人間的自然をも貫き、双方を普遍的に結びつける。ありのままの現実をあるべき現実に媒介するのが正常な現実であり、ありのままの現実はいきなりあるべき現実に飛躍するのではないだろうと考えるのである。

例をとっていえば、リンゴには人間にとって良いリンゴになる以前に、リンゴ自体にとっての正常化の過程があるのではないか。それはリンゴの進化であり、リンゴがありのままの状態にとどまっていないことによってリンゴ自身になるような変化である。しかしこの自然必然性の発現は、リンゴが目的意識的にあるべきリンゴを目指したのではない。

すべての自然はさまざまな個別状態を反復的に経過しながら正常に落ちついてゆく。正常な運動を形成する。この必然の軌道からはずれたものが異常であろう。ゴキブリにはゴキブリの正常がある。だが正常なゴキブリをそのまま価値と呼ぶことには私は疑問をもつ。それはゴキブリを擬人化することによって、価値判断の客観的主体を見失ったに過ぎない。

人間は自然界に普遍的に働く正常化の法則を逆用して、さまざまな異常な品種をつくり出す。奇型をつくることが人間のいう品種改良なのである。しかしその結果、異常なリンゴが人間世界での正常なリンゴになってしまうのである。このような段階を経て正常なリンゴは、ますます人間にとってあるべきリンゴへと発展してゆく。

真実の発展をつなぐ概念として正常ということは重要であると私は思う。正常という概念には、反復運動を通じて事物が一定化される様子が描写されている。一度だけの現実は常ではない。また、正しい状態は、正された状態であり、何ものかの作用によって元のままでなくなることである。整形は変形なのだ。ありのままの現実は、自然的慣性や習慣を通じて、一定の方向へと加工修正されてゆくのである。だから正常と異常は変化の両側面であり、互いに転化する。この正常化（または異常化）は、無意識世界にも生起するが、やがて自覚されてあるべき現実へと移行するのであろう。自然の与える規範としてのノーマルと人間が人間に与えるノルマとはつながっているのである。

リンゴという概念にはノーマルなリンゴが描写されている。けれども概念としてのノーマルなリンゴは、すべてのリンゴの共通点を指示したものではない、とヘーゲルは書いている。人間という概念は、すべての人間の共通点を指すのではない。その証拠に、悪人は人間的とはみなされない、などと彼は書いている。彼の場合には、人間という概念は既にあるべき人間という価値規定を含んだ理念に移行していたのであろう。

しかし、普通の人間という意味での正常な人間概念には悪人も含まれる。むしろ、人間だからこそ悪いことをするのだという認識がそこに働いている。つまり正常という概念は、ありのままからあるべきへの移行過程を表現しているのではないだろうか。

正常という規定には、統計的な把握のし方が残っていると私は思う。歴史のまとめである。正常とは何かという問題は、真理論のきわめて重要な一環である。しかし、正常な人間がすべての人間の平均でないことは確かだし、したがって人間という概念が単に人間の共通点でないというヘーゲル意見もその限りで肯定できる。類猿人から現代人までを同時的に並列して、平均したり共通点を求めたりすることには、本来非可逆的な歴史運動を止めてしまうことによって生ずる誤りの方が大きいであろう。人間は歴史の総括としてだんだん人間になって来たのであり、これから一層真の人間になって行くのである。あるべき人間とは、この歴史過程で形成される「人間らしさ」のことなのだ。

〔一九八三年六月号〕

十 「らしさ」と真実

人間らしさ、というのは人間のことではない。人間を彷彿《ほうふつ》とさせるような形式のことであろう。だが猿が人間の真似をしたような場合には、まるで人間みたいだ、とはいっても人間らしいとはいわない。人間らしいという形容は普通は人間に対してしか用いられない。女らしいという形容も女に対して使うのが通常である。歌舞伎の女形が女よりも女らしいなどといわれる場合もあるが、そのいい方の中で、本来女らしさが女に属していることが逆説的に表現されている。つまり女らしさとは「女形」なのであり、女自体から抽象されてくる女の典型なのであろう。

人間らしさも、人類の歴史から抽象されて来た人間の典型を意味しているといってよいだろう。人間らしい人間は、単なる人間と区別される。ありのままの人間の中には人間らしくない人間も含まれているのである。だから、人間らしい人間は、あるべき人間のイメージに合致した人間のことであり、真の人間といいかえてもいい。ここでは、真実と「らしさ」は実際上同一である。

けれども、「らしさ」と真実ははじめから同義だったのではない。「らしい」という言葉にも意味の歴史的変化があるが、もともとは推量の助動詞「らし」にはじまっている。「らし」は、与えられた現象の背後に、その現象のよってくる根拠となるような隠された現実を推定する言葉であり、しかもその推量の確実度がかなり高いことを表現しているといってよいだろう。辞書には用例として、「春すぎて夏来たるらし白妙の衣乾したり天の香具山」などがあげられている。

白衣が乾してある現象から夏の到来の確かさが推定されるところに「らし」の意味がある。夏の到来が直接に知覚されるのではなく、洗濯された白衣を媒介に洞察的に推定されるのである。直接的知覚を超えた現実認識がここでは問題になっている。「らし」には、認識が直接的知覚を超えて洞察的に上昇する発展過程そのものが表現されているといってよいだろう。

「らし」が「らしい」になり、更に「らしさ」となる歴史的過程には、想像や推理などの間接的認識が、現実との直接的接触から離れることによって、却って深く現実の本質に接近し、認識と現実の高次な媒介的一致を達成する過程が表現されているのではないか。「らしさ」と真実の同一性は、認識の歴史的発展の反省によってしか明らかにならないのである。

「らし」は推定である。推定はいくら確度が高くても確定ではありえない。真理も真実も、「認識と現実の一致」の確定でなければならない。相対的真理も部分的確定であるから、それ自身で絶対的真理の表現者なのである。それなのに、推定に過ぎない「らしさ」がどのようにして真実でありうるのか？

まず第一点として重要なのは、「らし」が単に推定ではなくて推定の自覚であるという点だろうと私は考える。ここに、推定がそれ自体で現実への合致でありうる道が開けている。推定の自覚は、自分が推定しているという意識事実の認識でもあるからである。夏が来るらしいという推定は、意識の外の夏の到来という事実については確定的につきとめてはいない認識だけれども、自分が夏の到来を推量しているという意識の事実については確定的につきとめたことを表現しているのである。つまり本音の表白と、意識の外の事実への推量が、「らし」においては重なっているのである。

認識を推定にとどめるという自覚が、一つの人間的真実の獲得となっている。冬でも白衣を乾すことはあるから、白衣は夏に短絡するわけではない。確定できないことを推定にとどめることは、認識過程の現実に合致している。推定を推定として認めることは、科学的立場からいっても正しい認識であるだろう。

しかし、推定の自覚が真実に転化するといっても、この範囲ではまだ意識と意識の自己関係、表象と思惟（反省）の合致という限定から真実は脱出しているわけではない。

この用例に即していうならば、第二の問題点は、推定される現実としての春や夏が、そもそも直接的には知覚されえない現実であるということである。春や夏は桜や西瓜《すいか》のように個物として意識の前に存在するのではない。四季の循環は体験の反復を通じて、間接的、抽象的にしか認識されえない対象なのである。桜や西瓜の概念も体験の反復を通じて確定される点では同様であるが、四季は物としての境界のはっきりしない状況なのであって、すべての物の現象的変化を通じて間接的に推定されるほかない現実なのである。もともと春や夏は、感覚に対しては、春らしさや夏らしさとしてしか存在しないのである。

春と夏の境界は、桜と西瓜の境界ほど劃然《かくぜん》とはしていない。立春や立夏などは太陽年という科学的知識からわり出された抽象的区画であって、この境界の現象のし方は毎年異なっている。だから生活感覚においては、春らしさや夏らしさとして漠然と推定されるほかないのである。だから、反復を通じて統計的に正常化される春現象や夏現象を春らしさや夏らしさとして推定的に把握することは、単に主観の自己関係として真実であるだけでなく、物質的現実への客観的な妥当としての真実でもあるのである。

春や夏は、科学的にいえば、太陽と地球の相互作用が地球の側に結像する反映現象であって、独立的な現実ではない。「らしさ」と真実の同一性は、このような非独立的現象の認識の場合に限られるのであろうか。そんなわけでもあるまい。桜や西瓜の成立にもそれぞれの歴史があり、外界と交渉しながら、他の物をとり入れたり反撥したりしながら、他の物との関係でそれぞれの質を次第に形成して行くのである。独立的な物の形が整って行くのも、非独立的な現象が独立的な物の上に現れるのも、結局は同じことである。反映と仮象（現象）の同一性がここにある。すべての現象は、それと反映関係にある本質を潜ませているのである。

白衣を乾す現象から夏を推定するのも、西瓜の外形から西瓜という内容を推定するのも、根本的には同じことであろう。現象は本質の現れであるから、現象から逆に本質を推定することは、現実の運動法則に合致する認識方法といえる。

あらゆる物は他の物と影響し合って自分の内容を規定する。だから絶え間ない変動を通じて自己の一貫性を表現する。春と夏の境界が現象的には劃然としないのと同じように、西瓜の本性もさまざまな西瓜の変化としてしか現れない。変動の反復そのものを通じて自己の正常を形成してゆくのである。

絶え間ない渾沌《こんとん》化を通じて秩序が形成されるという現実の運動そのものの中に、認識における「らしさ」と真実の同一性の根拠がある、と私は思う。現実を変動の相において動いたままで把えるには、どうしても推定が必要になる。そして世の中には、例えば他人の心のように、表情や言動を媒介に間接的に推定する以外知りようのないものがあるのだ。

もちろん、すべての推定が同等に真実であるわけではない。必然の洞察は、体験の積み重ねを前提にしてはじめて可能になるのである。白衣から夏の到来を連想するのは、多年の生活体験が下敷になっているからだ。既に夏についての一般的イメージができ上がっていて、それに照らして推定が行われるのである。「人間らしさ」の推定にも実際の人間生活についての体験的知識が必要なのである。

季節についての知識や、人間生活についての知識は、推定ではなくて事実認識そのものである。その知識が現実に合致していれば、ズバリ真実といってよい。「らしさ」における推定の確度は、下敷になっている知識の真実性の度合いに依存しているといってよいだろう。「らしさ」の基準になるイメージは、体験の蓄積によって割り出される真実そのものなのである。真実性の度合いはさまざまであっても、一定度の真実の発現としてしか「らしさ」は存在しえないといってよいと思う。

「らしさ」は典型であり、典型は真実である。私は今典型一般について語っているのであって、必ずしも芸術的典型を論じているわけではない。けれども、「現実よりももっと現実らしい」などと形容される芸術的典型が、芸術的真実にほかならないことは、典型一般と真実の同一性に照らしても明らかといえるだろう。

かつて、芸術形象が表現するのは「真実らしさ」であって真実ではないと主張し、北条元一から批判された小場瀬卓三意見の混乱も、実は真実と現実の混同に根差すものであった。「現実よりも現実らしい」ということはその形象が実在の本質を深く洞察している証拠であり、つまり深い真実（認識と現実の合致）そのものが表現されていることなのだ。人間らしさが人間ではないのと同じ意味において、真実らしさは真実ではない。真実でないとしたら、虚偽であるか、或いは認識と無関係な現実そのものであるか、そのどちらかのように思える。

「人間らしさ」が人間生活についての知識をもとにして形成される人間の典型であるのと同じような意味で、「真実らしさ」を、真実のそのまた真実、真実の典型と解釈させるのは、日本語の用語法からいって無理なように思う。もっとも、芸術には全然認識機能がないと仮定し、芸術は科学的認識が把えた真理に形象の衣を着せるだけの作業だという主張に立てば、このような解釈もなり立つかもしれない。けれども、そうなると「真実らしさ」の「らしさ」という推定機能も芸術外から出て来なければならないことになってしまうのである。

科学的真理と区別される芸術形象の迫真性を特徴づけようと急ぐあまりの小場瀬の勇み足であったのではないだろうか。

ちなみに、このことは芸術上の典型は実在するか否かという芸術論上の伝統的な論点ともつながっている。そしてそれは、いいかえれば、真理や真実が意識の外の実在か否かの問題にほかならないのである。

芸術論上の典型問題はしばらくおいて、再び「らしさ」一般に戻っていえば、あらゆる「らしさ」の中で「人間らしさ」が特殊に重要な位置を占めることは、いうまでもあるまい。それは単に受動的な推定にとどまらないからである。人間の能動性そのもののフィードバックとして、単に歴史の結果であるにとどまらず、人間生活を変革的にリードする自覚的な起動力でもあるからである。「人間らしさ」は自らを変革的に実現せずにはやまないような傾向性である。典型が一つの雛型《ひな》であり手本である機能は「人間らしさ」においてこそ真に成り立つといってよいだろう。「人間らしさ」は人類史の集約であると同時に生活の指針の中核である。それは文字通り血と汗の滲む試行錯誤の集約の中で造形される生き方の認識である。すんなりと統計される類型ではない。社会的葛藤、階級闘争、を通じて鍛え上げられ、さまざまな英雄譚《たん》に彩られつつ人間の必然性を感性として造出する。人間の公共的本性を個人の感性的行動の中に表現する。

しかし「人間らしさ」は、単に画一的に規定された人間の理想形を意味するのでもない。人間の本性を彷彿とさせるような生活行動の形式は、さまざまな場合のさまざまなレベルで、いわば部分的「人間らしさ」としても表現されるのである。だから「人間らしさ」は、すっかり完成した変更を許さぬ理想像として人間に与えられているのではなく、人間観と生活実践の葛藤を含んだ相互作用として、それ自身変動し発展する過程として映現するのである。

それは人間についてのイメージが、現実生活の後になったり先になったりしながら、変動の中で実在の人間運動と一致に向かう過程だから真実なのである。

十一　現実と媒介的現実性

観念はどこまで行っても観念だから現実と混同されてはならないけれども、観念の内容は実践を通じて実現されることがある。各種の発明品はすべて観念的なものが現実的なものに転化した結果である。「人間らしさ」も実在の人間生活からわり出されるイメージであるばかりでなく、そのイメージが再び実在化される過程でもあるわけである。人々は、人間らしい生き方を実現しようとして生活しているのである。だから「人間らしさ」には現実性がある。

一般に真理や真実は、認識と現実の一致であるから、意識にかかわりない現実ではないけれども、現実の規制をうけ、現実に再転化する可能性としての現実性をもっている。この現実への客観的な妥当性が、真理が時に現実そのものと混同される誘因でもあるのは前に書いたとおりである。

芸術作品の表現する真実が、しばしばリアリティー（現実性）と呼ばれたりするのもこのことと関係があろう。この小説にはリアリティーがある、などという場合のリアリティーという言葉は真実とほぼ同義に解して差し支えないと私は考えている。小説が活字としてそこに実在するという意味の現実性ではないだろうし、ゴーゴリの小説「鼻」の主人公八等官コワリョフが実在しているとか、鼻が実際に紛失したとかの意味でもないだろう。小説の真実の場合にリアリティーという言葉を使いたくなるのは、鑑賞という仮体験がもたらす実在感や臨場感を伝えたいからであろう。それは科学論文の提出する「観察者を捨象した」真理を理解する感じとはちがうのである。いうところの「実感」なのである。

reality には、現実、実在、などの意味もあるけれども、即自的な現実や実物としての **a real** や **the real** とは趣がちがうのだろう。**real**（現実的な）という形容詞に **ty** を加えて作られた抽象名詞なのだから、現実に対する現実性くらいのニュアンスのちがいがあるのではないか。ちなみに、「実相に観入して自然・自己一元の生を写す。」とした斎藤茂吉の「写生の説」における「実相」は、「例えば **das Reale** ぐらゐに取ればいい。」とあって、**die Realität** ではなかったのである（岩波文庫『斎藤茂吉歌論集』一二七頁）。

「文学的真実について」（「季刊・新英米文学研究」第一三巻三号（一九八二年秋号））の中で北条元一は、文学的フィクションの真実は他の何かによって証明されるのではなく、作品自体の説得力で納得させるのだ、という意味のことを書いていた。（原文を紛失したので記憶に頼る引用を許していただきたい。）これは典型一般の説得力に通ずるものであろう。だから、（或いはしかし）小説の内容と同じようなことが実際に起きることはしばしばある。すぐれた小説の予見性が云々されたりもする。けれども、小説の内容に似たことが実際に起きたことによって、その小説のリアリティーがはじめて証明されるのではない。典型のリアリティーはその説得力そのものの中にある。典型はその説得力によって人々をひきつけるのであり、現実生活の方が典型に学ぶようになって行くのである。

これらのことは、実在世界に法則的に起きていることがらである。実在はたえず重層的に発展し、変化を重ねる。実在の中には、高次な媒介的実在も含まれている。例えば人間は自分自身の意識に媒介され、意識的に実在している。意識はこのような高次な実在の属性であり、したがって実在との縁を断ちきれない意味で実在性をもつ。

戸坂潤は、実在のリアリティーと認識のリアリティーを二つにわけて考えた。そして、「実在のリアリティーに準じた認識のリアリティーが、真理であり真実であるのだ」と書いた。また、「真理という言葉はリアリティーという言葉とおきかえてもいい。——しかし実在それ自身を意味するリアリティーは、真理認識がもつリアリティーともちろん一つではない。実在のリアリティーに準じて、真理認識のリアリティーがあるわけだ。この二つのリアリティーの間には、一定の対応照応の関係がある。……」とも書いた〔傍点戸坂。青木文庫『認識論』四六頁〕。これは、真理＝実在説とは異なった反映論的立場からの真理論である。

ここでいう実在のリアリティーとは何であろうか。それは個々さまざまな実在を貫く同等性、実在の総体を通じて現象する本質的な内容、実在するということ、なのではないか。すべての **a real** や **the real** を関係づける総括として **reality** があるのではないか。現実を貫く普遍的な内容としての現実性のことであろう。だから、「―ty」や「―性」は「らしさ」と密接な関係をもっていると思われる。

けれども、「―ty」や「―性」は推定ではない。事物の性質は歴史的媒介を通じて自然に規定されるが、人がそれを認識するしないにかかわりなく成立するのである。現実性と現実らしさは同じではない。現実性が人間の意識に反映した像が典型としての「らしさ」であろう。事物の性質は、事物の運動の中に表現されるけれども、それ自体でむき出しに存在するわけではない。ここに、事物の性質と洞察との密接な照応関係が必然となるのであろう。ここに認識のリアリティーが成立する。

十二　文学的典型と虚構文学

前記の北条論文では、文学的真実の検討は小説的虚構に集中して行われているといってもよいだろう。文学的真実と虚構の真実はほとんど同義的に扱われてさえいる。ルポルタージュなどノンフィクション文学の真実については、ほとんど語られていないにひとしいし、ノンフィクションの真実とフィクションの真実の異同関係についても、とりたてては触れられていない。

それは短時間の講演の記録という性質上のやむをえない省略であったであろう。だが、小説だけが文学ではないのはほとんど自明だから、小説の真実だけが文学的真実ではないのも自明といってよいだろう。

文学という概念の外延については『岩波講座 文学』において加藤周一が詳しく述べており、同氏の『日本文学史序説』はその概念を適用した著作ともいえる。今はその当否について論じようとは思わないが、文学的真実を小説的真実で代表させようとしたかに見える北条論文との関連については考えておく必要があろう。文学的真実を語る場合、小説などの「フィクション」ものの真実を解明することが一番難問であり、文学的真実の解明はこの難問の解明に尽きると考えられるせいか、北条に限らず、文学的真実の特殊性の論議はここに集中する傾向があるのである。そしてそこに論を集中することは、文学は小説に限らないという説が正しいのと同様に、正しいことでもあるのである。

すべての概念は社会の中で歴史的に形成され変化し発展する。それは概念を集中的に狭めて行くインテンシヴな運動と、外に向かって拡がるイクステンシヴな運動の両面の相互作用でなりたっている。文学概念の内包と外延も、互いに支え合う対立を形成し、歴史的な運動過程として存在するのである。それは人間が、どのような活動を文学として扱うようになってきたかという歴史を示しているのであり、その扱いが意識にフィードバックした経過なのである。従って、文学という本質が歴史的に形成されて行く過程は、一方では、文学の中の文学とでもいうべき典型的ジャンルの創出として特殊的に表現されるが、また他方では、そこに至るまでのさまざまな段階の活動をすべて文学的営みとして把えなおすことによって、文学の多様化を実現して行く過程としても表現されるのである。

このように考えれば、小説のみが文学ではないということと、小説的虚構の中に文学的真実の典型を探ることとが、ともに正しいと理解できよう。

私はしばしば、文学におけるロマン、絵画におけるタブロー、音楽におけるシンフォニー、などをそれぞれの領域における典型的形式として論じて来た。文学、絵画、音楽、などの営みが直接的実用から解放され、独自な本質を独立的に現象させた形式と見なしたのである。商品の本質が、原始的な交換の中でさぐられるのではなく、その本質が充分に展開しきった近代資本制社会の中でさぐられねばならないのと同じような意味において、文学や絵画の本質もそれらが分業として展開しきった近代的形式においてこそさぐられるべきだという主張でもあった。恐らくこのような主張にも異論はあろう。しかし今はこれ以上深入りした議論は保留し、小説的虚構の中に文学的真実の典型的に展開された形式を見る理由との関連を指摘するにとどめておく。しかしこの関連は重要である。

北条論文では、このような前提的考察が省略されているため、ちょっと読むと、「虚構にも真実はありうる」という主張に留まるかのようにもうけとられかねない。虚構の真実こそ文学的真実の最も高次に発展した存在形式だという論点は、文学的真実と小説的虚構の真実が事実上同一視されているにも拘《かか》わらず、必ずしも鮮明とはいえないようにも思う。

私は北条意見に賛成しつつ、その点を私流に補足したい。小説的虚構の真実が文学的真実の最も発展した形態であることを明らかにすることは、同時に、真実一般と虚構との不可分な関係を明らかにすることにもつながるからである。虚構なしに真実はありえないということを、最もなまなましい事実として提示しているのが小説である。

実録文学が真実を含んでいることは自明のように思われるかもしれないけれども、その真実性の度合いはさまざまであり、しばしば小説の方が深い真実に達している場合があるのである。もちろんノンフィクションにはノンフィクション独特の替えがたい真実性がある。だからフィクションが流行《はや》らなくなってノンフィクションがよく売れるという現象もおきる。（この場合、売れる売れないが真実性の度合いに依存するとは必ずともいえないが、双方の替えがたい独自性の作用があるのはたしかだろう。）けれども、フィクションとノンフィクションの関係は、一方が虚構で他方が真実だというような単純な関係ではない。

もともと文学的営みの中に、フィクションとノンフィクションの区別がはじめからはっきりしていたわけではなかろう。記録文学などというジャンルがはっきり確立するのは、むしろきわめて新しい出来ごとなのである。ここで文学史を全面的に辿《たど》るわけにはいかないけれども、一般的にいってフィクションの確立とノンフィクションの確立は相互規定的作用の歴史を形成しているといってよいだろう。文学的営為を昔へ遡《さかのぼ》るほど、フィクションとノンフィクションの区別は不鮮明になると断言してもよいように思う。例えば神話はおしなべてフィクションともノンフィクションとも判然としない境地を示している。

フィクションとノンフィクションの区別が次第に判然と分岐することこそ、人間の認識の進歩発展を示すものであり、それこそ真理（または真実）そのものの発展の内容をなすものというべきだろう。認識と現実の合致運動の発展は、その合致形式の多様な展開としてこそ一層確実なものになってゆくのである。

〔一九八三年七月号〕

十三　真理における虚構の役割

真理の発展、つまり認識の発展は虚構の発展と不可分である。言語そのものが鳴き声の虚構であり、音声の模擬であった。文学はフィクションであれノンフィクションであれ、すべて言語を媒介にしている。しかも、音声言語が文字記号によって二重に虚構化されることによってこそ、文学は文学らしくなっていったのである。文学的真実は、記録文学においても虚構的であり、意識のそとの実在ではないのである。

このことは、いわゆる実録、ルポルタージュ、ノンフィクションなどの概念が、文学上のジャンルを示しているに過ぎず、それがそのまま真実と同義ではないことをも示している。われわれはどう考えても真実とは認めがたいようなノンフィクションをたくさん知っている。例えば日本政府がしばしば発表する××白書の類がそうである。そこには国民的実感とはほど遠い現実認識が数字的統計などを多用しながらもっともらしくのべられているのである。統計の数字が正確であり、記述の各部が現実をそのまま伝えていても、まさにそのような部分的真実性によってこそ全体像の甚だしい虚偽が発現するということがあるのである。それは、記録するということ自体が主体による対象世界の抽象であり、主体の選択による現実の捨象でもあるからであろう。表現活動そのものが、表現される内容の虚構的対象化にほかならないのである。

ここで当然問題にしなければならないのは、虚構という言葉の使われ方の二つの場合である。文芸評論が小説的虚構について語る場合には、虚構はリアリティーの担い手であり、真実の表現そのものとして扱われる。真実は意識と無関係な実在だと思っているような評論家でも、「この小説はフィクションだからリアリティーがない」などとはいわないだろう。ところが、政治家の演説などでは、虚構という言葉はたいていの場合反真実として扱われている。近頃の政治家は「虚像と実像」などといういいまわしを好む人が多いが、彼らのいう虚像や虚構は端的に嘘を意味していると見てよいだろう。「全くの虚構だ」などときめつける場合は、事実でないことを事実であるかのように捏造《ねつぞう》しているという意味なのだ。

しかしこのことは、フィクションという言葉が二つの意味をもっているということではない。フィクションそのものが使われ方によって嘘にも真実にもなるということであろう。つまり、虚構こそ、認識の中に真偽の分岐を形成する契機だということである。

もともと虚構とは、実物ではない拵《こしら》え物のことであろう。拵え物として存在してはいるが、ありのままの実物とは異なる虚《むな》しい拵え物のことである。実物との対比において虚構と認定されるのだから、虚構には実物が投影している。つまり「似せ」物なのだ。このことを逆にいえば、あらゆる実物は、「似せ」物の出現によって、その逆照射をうけて、はじめてほん物と規定されるのである。

実物と虚構の比較検討を通じて人間の認識は一段と高次な意味内容を獲得する。直接的感覚意識を超えた判断意識へと進む。認識における真偽の分岐が決定的になるのはこの時からである。

虚構は「似せ」物であり結局は偽物であるけれども、虚構を虚構として認める判断は正しい判断であり、真理である。だから虚構の認識が直ちに誤謬や嘘に短絡するわけではない。虚構と現実を混同することが誤謬であり、反真理なのである。

虚構は一種の仮象であるけれども、人間が拵えた偽物だから、自然的な反映一般や仮象一般とは区別されねばならない。虚構の歴史的出発が自然成長的労働の中にあることについては、拙著『反映と創造』において論じたから、ここではくり返さない。ただ、虚構が労働の必然に基いて労働から分岐する労働の模擬に根拠をもつものであって、「全的誤認」や非合理的呪術意識などに基いて発生するものではないことを再認識しておきたい。認識における誤謬や表現における嘘が虚構を生むのではない。逆に自然成長的な模擬労働の虚構性が、誤謬と真理の区別を生み、嘘とまことの分岐を生むのだ、と私は主張する。誤謬や嘘がないところでも模擬や虚構や仮定や仮説は存在しうる。だが模擬や虚構のないところで、一体われわれはどうやって嘘を吐《つ》くことができるか。又どうやって誤謬を犯すことができるか。虚構を前提にしなければ誤謬も嘘も成立しえないと私は思う。そして誤謬や嘘の成立しないところでは真理もまた成立するはずがない。真理や真実は誤謬や嘘の否定としてのみ成立するのである。

　最も基礎的な虚構としての言語を例にとれば、このことはわかり易い。言語がなければ嘘をつくことができないが、それは同時に、嘘を否定することもできないことを意味している。虚偽も真実も深く言語に依存しているのである。いいかえれば、ああでもないこうでもないと思案する思惟活動は、言語の発明を前提にしてはじめて本格的に発達したのであろう。

　無言語思考というものが全然ありえないわけではない。言語をもたず、ただ自然の鳴き声だけに依存して生活する人間以外の動物も、何らかの程度に考えるとはいえるだろう。だがそのような詮索反射は、その場その場での本能的反応から何ほどもへだたってはいない。想像や推理自体を享楽するような精神生活の形成は、言語なしには不可能であろう。持続的思惟において最も重要な役割を果たしている概念は、言語に支えられなければ映現しえないのである。自然のままの鳴き声から、捋え物の声である言語が造形される過程は、動物的な感覚が抽象的な概念にまで収斂《しゅうれん》される過程と、裏腹一体の相互作用の反復として重なり合っていたであろう。表現の発展と認識の発展が不可分な相互作用の歴史を織りなしていることを、再びここで強調して置きたい。言語は表現手段であるだけでなく、認識手段でもある。

言語といえば普通は音声言語を指しているが、身振りや手真似も言語的機能を果たしている。だから「身振り言語」とか「手話」という言葉もある。また「造型言語」などといういい方をする人もある程で、絵や彫刻や音楽の形象にも言語に似た意味機能がある。ヘレン・ケラーの触覚も言語の役割を果たしていた。要するに言語機能という本質は、さまざまな現象形態をとりうるのである。言語はそれを受容する感覚器官と交信経路の種類に応じてさまざまな形式をとりうるといってよいだろう。狭義の言語と他の交信形式との境界は、本質上はそれほど劃然《かくぜん》としたものではない。それらはすべて労働の模擬に端を発しているからであろう。音声言語そのものが多様な民族語形式をとっている。

犬という言葉をドッグという言葉にとり替えても同じ内容が表現できる。そこに自然の鳴き声とはちがった言語の特色がある。動物の鳴き声も内部の情動の表現であるけれども、肉体の生理構造に規定されていて別の声にとり替えるわけにはいかない。言語は意識と不可分でありながら密着的ではない。言語によって表現される概念が抽象的であり、「加工された表象」とか、「感性的形式を脱した意識」とか呼ばれる所以《ゆえん》もここにある。鳴き声は、いわば専ら叙情的であるが、言語には叙事性が生ずるのも、概念のこの非直接性に依存してのことである。

言語による感情表現や思想表現は、一旦脱感性的形式をとった概念を使用して叙情を再構築することであるから、感情の直接的流露よりも高次な内容をもっている。この過程で感情は知性の反省に介入され、ありのままの感情から、否定の否定として一層磨かれた感情に上昇する。言語による叙情は、単にありのままの感情を表現するのではなく、感情を改造し、感情を創造するのである。概念は事物を指示する叙事能力の明晰《めいせき》化であることに依存して、その対面である叙情をも創造的に発展させるのである。表現と認識のフィードバック的な相互作用は単なる堂々めぐりではない。

人間の認識が実践の反射をうけ、認識過程そのものの中に実践が介在しているということは、認識の正しさが究極的に実践によって検証されるという意味ばかりではない。意識を社会的に表現する労働、特殊化された表現実践の反作用を受けて認識内容そのものが明確化するという意味も含まれるであろう。

社会的に表現された物質的存在形式をもつところに人間の認識の独自性がある。人間は他の動物とちがって、交信や表現にも道具を使い、表現のための道具を次々と多様に創造する。したがって表現手段に規定されて認識内容も多様な存在形式をとることになる。身振りや絵で視覚に対して表現される空間的な形象も、手段に媒介され加工的に構成された間接的認識である点では、音声言語における概念と同様である。

概念と形象のちがいは相対的なものであって、互いに転化し合う同等性をもっているといってよいだろう。言葉の意味は科学論文の中では厳密に一義的な志向を示す論理的概念として働くが、小説の中では多義的なふくらみを帯びた形象の構成要素として働く。概念というものも、ただ音声記号にだけ依存してつくられるのではなく、生活体験の全体に依存し、労働過程でのかけ声や合図の反復が、全体的な労働の模擬形象と結びつきながら形成されたのだろうと思う。だから概念は形象が実用の中で圧縮的に典型化され鋭い単純さにまで削り出されたものと形容もできるのではないか。この経過には聴覚像と視覚像の度重なる相互転化も含まれるであろう。

音声が何故言語機能の主役になったかについてはいろいろな推測がある。身振りは昼しか見えないが声は夜でも聞こえるという交信上の利点を上げるなどもその一つである。しかし、直接この問題に触れた意見ではないけれども、ヘーゲルが、光に媒介される視覚が対象と離れて存在し、「内面性をもたない」のに対して、聴覚を「物体的なものの純粋な内面性の感官」と呼び、物体の「内部の振動」である音に関係するといっている（岩波文庫『精神哲学』上一六九頁）のは、私には大変興味深く思える。医者の聴診や打診、また酒樽が空か否か、西瓜が熟れているかどうかをさぐるにも人はそれを叩いて音を聴く。声が人間の内部振動としての心の直接的な現れであるとしたら、交信の主役になるのは当然のなりゆきであっただろう。身振りや手真似の描写性に対する音声の本来的な叙情性は、芸術のジャンルの特性を考える上でも一つの重要な着眼点になるのではないだろうか。

ところで、言語を労働模擬の内部に位置づけ、基礎的な虚構と呼ぶことは、小説とその手段である言語とを混同するようなことになりはしないか。言語と思想の混同ではないか。ソシュールのいうところの社会的ラング（言語）と、それを用いた個人的パロール（言表）の区別に関する問題もこれにからむであろう。

かつてスターリンの「言語学の諸問題」をめぐって、言語がイデオロギーであるか否かが議論されたことがあった。イデオロギーは土台の消滅と共に一掃されるとし、土台に対するイデオロギーの相対的独自性を否定する昔の芸術社会学派の相対主義にも似たスターリンの論の進め方には賛成できなかったが、言語は思想そのものではなくて思想の観念的道具であるという考えには、今でも私は同意している。

言語が一つの拵え物であり基礎的な虚構だということは、言語が直ちに思想だという意味ではない。しかし、言語が思想の手段になるのは、それが概念を体現しているからである。そして概念は過去の多くの思索の集積結果でもある。もともと言語形成の素材となった鳴き声は端的に感情や欲求の流露であった。それが言語にまで造型される過程で意識のこのような生の感性的性質が削りとられて概念に転化するのであろう。それはいわば生きた思想的内容が堆積して化石となって固定化されるようなものではないだろうか。ラングは個々のパロールを通じて定形化されるわけであるが、生きたパロールから切り離されたラングは、仮死的な形式であって、再びパロールの中で息を吹き返すにしても、使用されない状態のままでは死んだも同然である。言語は個人の陳述の中でだけ思想の表現手段や形成手段になるが、言語自体ではただ観念的虚構であるだけで、思想ではない。言語も言語によって表示される概念も、超階級的であり、生きた思想ではない。例えば神という概念は、宗教的思想なしには形成されなかったであろう。けれども今やそれは思想性を失い、宗教者にも無神論者にも共有される思想の観念的道具に過ぎなくなっている。

概念の形成についてはさまざまな説があるから、この程度の論じ方では全く不充分だけれども、conception（概念）の由来となる conceive（孕む）の語源は「共に受ける」意味だというハリソンの指摘にはうなずかせるものがある。彼女は、原始的労働模擬が集団行事としてパターン化する過程（例えば物真似踊り）の中にこの「共受」の概念化を読みとっている。（『古代芸術と祭式』）

とにかく、虚構と思想は短絡するわけではない。文学におけるフィクションとノンフィクションの区別も思想性の有無によって分けられるのではない。ここでは既存の事実の報告であるか、想像上の作物であるかが主な分岐点になっているのであろう。つまりここでは、言語そのものの虚構性は無視した上で区分が行われているのである。現代では、言語は既成の実用的道具として物質的生産力の中に組み入れられてしまっているのである。そして言語が言語になるということは、言語活動が意識活動から無意識活動に転化することにほかならないからである。いちいち発音や文法に気をつかっている間は、まだ一人前に言語を使いこなしているとはいえないのであって、生まれながらの鳴き声さながらに反射的に言葉が出てくるようになった時に、言語意識が消えるにつれて意味内容がはっきりと前面に出てくるのである。文学の分類に際して言語が自明な前提として無視されるのが自然な理由がここにある。あらゆる文章は、いわば言語という「もとうた」の本歌どり又はパロディーのようなものである。本歌どりやパロディーが盗作と区別されるのは、本歌そのものが共有の文化的前提として、概念同様に公認されているからである。

文学では、言語は分類には関与しないが、文体意識としては技法的レベルで関心に呼び戻される。ここに文学的言語が実用領域の言語と異なる性質が生まれる。文体は文学的イメージのリアリティーを左右する力をもつ。考古学者が化石を愛するように作家は言葉を愛するものである。

しかし、勿論今日では、文学的垣根を超えて、言語問題に特別な関心が寄せられる必然が、教育問題ともからんでますます歴然として来た。地球上の諸民族の交流関係が経済的にも文化的にも否応なしに拡大されるという歴史の趨勢《すうせい》が先《ま》ず一つの大前提になっていることはいうまでもない。生産力の巨大な発達がもたらす、交信手段の質量両面における驚異的更新がこれにからむ。「国際コミュニケーション年」とか「情報化社会」などの言葉がこの趨勢を象徴している。しかしこのような発展が言語についての危機意識と結びついているところにこそ今日の特徴がある。言語の規範性が乱れるのは、単に教育技術の問題ではなく、社会の人間関係そのものの乱れの最も端的な反映であろう。コミュニケーション手段は発達しても、コミュニケーションそのものはかえって崩壊に瀕しているのではないか。非人間的な社会体制の行き詰まりがその中の人間性の危機として先ず現象しているのであろう。言論かそれとも暴力か、という鍔迫《つばぜ》り合いの中で、歴史は否応なく言語への関心をおし出して行くであろう。

虚構と思想は必ずしも同義ではないけれども、虚構なしに思想の発達はありえない。虚構は意識を社会的に媒介し、意識の本歌どり的な伝承発展を可能にする。労働模擬に起源をもつ虚構一般は、いわば社会の上部構造となるものであるが、その一部はフィードバックして土台に組み込まれる。虚構一般の問題は文化問題であり、つまりはイデオロギー問題に行きつくのである。人類いかに生くべきかという仮説の構築こそ真偽の分岐の根源的な契機といえるだろう。

ノンフィクション文学の確立がごく新しいことだと前に書いたが、それは近代科学の発達や実証的態度の一般化と結びついているだけでなく、分業の発展がもたらす情報交換の必要、その結果としての新聞雑誌の発達が前提になるというほどの意味である。いうまでもなく、近代以前にも実録と虚構の分岐は徐々に進行していた。一見フィクションの方がノンフィクションに先行していたようにも見えるが、それはフィクションが体験の累積による体験の否定であるのと同様に、ノンフィクションがフィクションの止揚であるからであろう。虚構から実録への動きは、その他面に実録から虚構への動きを含んでいた。

平安朝時代の物語と日記の相互作用などもこの経過を示すのではないか。たとえば土佐日記などは冒頭から男が女になりすますのだから、見ようによってはドキュメンタリータッチのフィクションともいえる。もっとも、このような日記文学に先行して、端的に官庁の実用品であった日記もあり、いわば日記から日記文学へという動きも見られるというから、虚実の分岐は決して単純な一筋道ではなかっただろう。しかし鑑賞に供せられない純粋な実用記録も、やはり言語の虚構性の止揚の上になりたっていたのである。

これには学問と芸術の関係もからまっている。屡々《しばしば》論じられて来た歴史と歴史小説の関係などがそれである。しかし日記文学やルポルタージュは文学とはいっても学問に属するわけではなかろう。ここでは文学という概念と芸術という概念の交点も問題にされねばならなくなってくる。しかしいずれにしろ、ある作品の真偽が問われるのは、その作品が現実そのものではなく、現実を描写または表現している虚構物であるからであろう。つまりその時、作品は人間の現実認識の体現者として扱われているのである。真偽を問われているのは虚構に表現された認識そのものであろう。

ノンフィクションの文章もやはり作品であって対象的な現実そのものではない。だからどれだけ現実を正しく把えているかによって真実の度合いに差別が生ずる。嘘や誤謬である場合もある。従って、結局は虚構と現実の合致関係の問題に還元されるといえよう。

しかし、小説と実録では真実性の判断に自ずから異なった基準が導入されるであろう。小説では真実である表現も実録としては嘘になったりする。小説と実録の分化が確立した状況下では、まず、小説を小説として扱い、実録を実録として扱うことが、両者の真実を成立させる第一条件といってよいだろう。同じ文学の中でも、ジャンルによって真実の形式はさまざまであることを知らねばならない。

しかし実際には、ルポルタージュとかノンフィクションとかの概念が普及した今日においてさえ、小説と実録の境界はそれほど劃然《かくぜん》としているわけではない。いわゆる私小説やモデル小説の類には、小説とも実録ともつかぬようなヌエ的な作品もある。これは小説と実録の本来的な相互作用の発現でもあるが、また文学における真実の混乱をも意味しているだろう。そしてこの必然を整理するためには文学評論の参加が必要になってくる。

文学における真実の諸形式を詳論するのは容易なことではない。だが総じていうならば、典型という真実はフィクションの領域に成立するのであって、事実の報告に属するものではない、と私は考えている。もっとも、典型は実在し、したがってそれをノンフィクションとして記録することができるという意見もあろう。しかしそれは結局真理実在説であり、虚構の真理性の否認につながるのではないかと思う。事実の記録や報告の真実にもかけがえない価値がある。今日では、何らかの形で綿密な事実調査に基かないようなフィクションには典型形成力がないともいえる。文学の虚構的本質はこのような歴史的全過程の認識として明らかになるのだと私は考える。

〔一九八三年八月号〕

十四　真理の起源と嘘の発生

犯罪捜査のために嘘発見器というのが発明されたのは、もはやずいぶん旧聞に属する。嘘発見器などをつくらずに真実発見器をつくった方が手っとり早いように思うが、真実発見器はいまだに発明された話をきかない。

ここには、自白を犯罪の証拠と見なす前近代的判断方式の投影があるけれども、そして、警察の嘘発見器にどれほどの実効があるかは疑問だけれども、一般的にいって、まず嘘を発見しなければ真実を発見できないという考えはきわめて順当なものだと思う。嘘を発見せずにいきなり真実を発見するのは無理なのだ。

嘘と真実、表現の真、の場合だけでなく、誤謬と真理、認識の真、という一層本質的な問題の場合においても事情は同じである。

だが勿論、誤謬の発見と真理の発見は短絡的に同一なのではない。詰将棋を解くとき、ある解が誤りであることが判明しても、それだけで正解が得られるわけではない。そしてまた、あらゆる誤解を網羅しなければ正解が得られないわけでもない。ただ、何らかの誤解をふまえないような正解はありえないのである。誤りを悟ることは、それだけ真理に接近することであり、そのこと自体が相対的真理なのである。詰将棋で、ある解の誤りを悟ることは、究極的正解に達しないにしても、その限りでの相対的正解なのである。

詰将棋はあらかじめ正解が設定されていることがわかっているのだから、真理の模索一般とは事情が異なるように思われるかもしれないが、真理をさぐるということはいつでも、真理を仮定することにほかならないだろう。つまり、与えられた現実の背後に未知の現実が潜んでいると推定し、それを発見しようとつとめることだから、未知の現実と認識との合致を仮定するわけである。したがって、真理の模索は与えられた現実への疑いからはじまる。

嘘や誤謬の発見の方が真理の発見に先行するように思えるのは、このような事情によるのだろう。真理の発見とは、既存の知識の含んでいる誤りを発見する意味でもあろう。それは既存の認識の否定である。つまり、真理の発見に嘘や誤謬の発見が先行するということは、嘘や誤謬の発見以前に、真偽未分の現実意識が先行するということでもある。

真理の発見は、与えられた現実のそのままの承認とはニュアンスが異なっている。

ゲーテの言葉に、「感覚は詐《いつわ》らない。判断だけが詐るのだ。」というのがある。これは必ずしも「感覚は真実だ」ということを意味しはしない。何故なら、感覚は詐らないと断言しているのは感覚の外に立って感覚を観察している判断意識にほかならないからだ。この場合感覚は判断の対象として与えられている真偽未分の意識事実に過ぎないのである。

与えられた意識事実としての感覚は絶対的であって、主体の自由によって選択される意識ではない。だからそこに誤りがありえないのは、そもそも真偽の区別が生じていないことなのである。

例えば、痛いという感覚は意識であると同時に一つの現実である。それは認識と現実の合致というよりは、意識と現実の未分化な融合と形容した方がよいだろう。真偽の認識は、現実と合致した認識と合致しない認識との選択的判断であるから、まず、意識と意識の外の現実とがはっきり区別されることが前提にならなければならないであろう。真理意識は、単に与えられた意識事実ではなく、一種の「分離結合論」的意識なのである。

だからわれわれは、真理の探求において、感覚よりも感覚を超えた知性により多く頼ろうとする。知性は感覚のように絶対的に与えられるのではなく、それ自身の中に迷いや分裂をもっている。それは意識自身を選択するかのように働く意識である。知性は必然的に判断となる。知性は誤ることがあるからこそ、自分自身を真理へと導くのである。

けれども、感覚が真理の発見に何の役割も果たさないわけではない。感覚に基かない知性はありえないからである。感覚はそれ自体の他面に未分化な形で知覚を潜ませているといえよう。感覚はそれ自身の中で判断へ移行する。感覚的判断ということもいいうるのである。そしてまた、発見された客観的真理の意識においては、真理は即自的感覚同様、選択の余地のない絶対的意識事実に再転化するからでもある。争う余地のない感覚的明白性において真実は意識されるのである。そのことは、人間の感覚が知性の媒介によって発展することを意味すると同時に、認識が感覚的確信にまで達しないうちはまだ真実の獲得が成立していないことをも意味するだろう。いわゆる「真理の具体性」は感覚によって支えられるのである。

ところで、判断は何故自らを許るのであろうか。知性は何故誤るのであろうか。

嘘や誤謬が発見されるためには、意識における嘘や誤謬が先ず発生しなければなるまい。発生していないものを発見することは不可能である。したがって、真理や真実が何時何処《いつどこ》で起源したかという問題は、嘘や誤謬が何時何処で発生したかという問いに還元してもよいであろう。もっとも、嘘や誤謬が発生していてもまだ発見されないという状態もありうるから、嘘や誤謬の発生が真理の成立に短絡するわけではないけれども、起源にはつながるといってよかろう。そしてこの問いは、嘘や誤謬が何故発生するかという問いに移行することになる。

これは実は反映論の根幹に関わる問題である。意識が現実の反映ではないと主張する人は、おしなべて、嘘や誤謬は現実の反映ではないと考えているようである。彼らは歪んだ反映や不正確な反映はありえないという、およそ超現実的な妄想に固執し、そのために、現実の反映と真理の認識を区別する道を自ら塞いでしまうのである。そして実在と真理を混同するようなことにもなるのだろう。

反映論を否定する人は、嘘や誤謬が何故発生するかを合理的に説明することができないであろう。嘘や誤謬は宇宙の開始と共にあったわけではなかろう。はじめからあったとすれば、それが何故嘘や誤謬であるのか説明がつかなくなる。

勿論、表現における嘘の発生と、認識における誤謬の発生とは同日に論じられない。互いに関連はあるけれども同時に発生するわけではなかろう。嘘の主観性に対して誤謬の客観性が両者の関係を規定している。誤謬の認識を前提とせずに嘘を吐《つ》くことは不可能である。他者の誤解を意図的に誘導するところにこそ嘘が成立するのだから。

客観的に誤った認識をそれが誤っていると知らずに、真正直に訴えている人は、決して主観的に嘘を吐いているわけではない。嘘を吐く人は、それが嘘であるということを知っていなければならない。つまりその嘘を信ずるのは事実誤認だという判断の上に立ってのみ人は嘘を吐くことができるのである。

人間以外の動物が主観的に嘘を吐くというようなことは恐らくないだろうと思う。それは彼らにおいては誤謬の認識が未発達なことと関連があろう。けれども、「飛んで火に入る夏の虫」は客観的に誤りを犯している、ということもできるであろう。誤りを認識しないから、誤りを犯し易いということもある。いずれにしろ、誤謬の発生の方が嘘の発生より大分古いといってよいのではないか。嘘は一般的自然認識の現象ではなく、人間の社会関係の中で、人間同士の騙《だま》し合いが必要となる条件のもとで漸《ようや》く発生すると見てよいように思う。

人間関係における虚言習慣の発生以前に、例えば、狩猟技術としての罠や詭計《きけい》などの発達があったにはちがいないであろうが、それらの対自然的生産技術と人間の社会的相互不信の表現としての嘘とは区別されるべきであろう。ただ生産技術の発展を前提にしなければ嘘が発生しえなかったということは重要だろう。生産技術としての模擬労働の分化、虚構の発展、殊《こと》に言語の発明、それらなしに嘘を吐くことは不可能である。人間以外の生物が嘘を吐かないことの決定的理由は、言語をもたないことにあるともいえよう。

虚構という概念と嘘という概念がしばしば同義的に扱われたりするのも、両者の歴史的関係の名残りであろう。悪徳としての嘘の自覚は、むしろきわめて新しい現象といってよいかもしれない。キリスト教的な罪の意識に規制されることのなかった日本においては、殊にそうだった。「嘘も方便」であり、生活技術としての嘘はしばしば美徳として扱われてさえいた。「武士は喰わねど高楊子」や「腹が減ってもひもじゅうない」式の封建武士の道徳は嘘で固めたようなものであった。今日でも、本音を偽ることは、しばしば遠慮と呼ばれ礼儀と見なされている。嘘と主君への忠誠心の関係も見逃せない。今日でも、企業や組織への忠誠心に基いて、自己を犠牲にしてまで嘘を吐く人がある。

勿論日本でも嘘を排し真実を求める声は次第に大きくなっているし、罪悪感なしに嘘を吐くのも日本人だけの特例というわけでもない。キリスト教で教育された西洋人もやはりしばしば平然と嘘を吐く。そして忠誠心や使命感に基いて嘘を守るような態度を示したりもする。国家間の論争や、政党の国際論争などにおいて殊にはっきりとそれは感じられる。

もともとパワーポリティクスと呼ばれる傾向は、論争そのものをさえ不要として棄て去るような方向だから、このような方向における政治的「リアリスト」と呼ばれる人が、大嘘吐きであるのは当然かも知れない。ファシズムは嘘そのものである。

しかし、生産技術としての虚構と反真実としての嘘とは短絡的に同一なのではない。虚構の歴史的成立が直ちに嘘の発生を意味するわけではない。虚構は嘘を可能にする条件ではあるけれども、また真実を伝えるための条件にもなるのである。嘘を可能にする条件ができたとしても、嘘を必要とするような社会関係が成立しなければ、嘘は発生しなかったにちがいないと私は思う。嘘を吐くということは、単に空想を述べることではなく、他人を騙すことである。他人を騙すことが何の利益ももたらさないところで、嘘を吐く習慣が定着するとは考えられないのである。

虚構と嘘の区別は、芸術創造と詐欺を比較すればたちどころに明らかになる。芸術は上手に嘘を吐くことだ、とか、人を騙すことだ、とかいう人があるけれども、このようないい方は適切ではない。芸術作品によって騙される人はほとんどいない。舞台で行われている殺人の演技をほんとの殺人と誤認するのは芸術鑑賞ではない。「芸術はその制作物が現実とみとめられることを要求しない」（レーニン『哲学ノート』〔全集第三八巻五〇頁、フォイエルバッハ『宗教の本質にかんする講義』の摘要〕）のである。芸術は虚構を虚構として提出しているのだから嘘を吐いているのではない。ところが詐欺師は虚構を現実であるかのように詐《いつわ》るのである。そしてこの、人間が芸術と詐欺の混同に陥りかねない点にこそ、誤謬発生の原点を窺《うかが》わせるものがある。

嘘の発生は、恐らく階級対立に主要な根拠をもつものだろうと思う。ゴーリキーの「どん底」におけるサーチンの台詞《せりふ》「嘘――こいつぁ、奴隷と主人の宗教だ……」という言葉は鋭く的を射ているのではないか。虚言習慣は階級社会と共にあるのだろう。この構造の中では、主人の側においても奴隷の側においても嘘が必要になる。階級支配が消滅すれば、少なくともその分だけ嘘の必要は減少するであろう。階級が消滅しても社会の矛盾葛藤がすべてなくなるわけではないから、嘘の必要が完全になくなりはしないかもしれないが、今日、真実への欲求が階級差別を否定する民主化の運動と固く結びついていることは、まぎれもない事実である。「真実――こいつぁ、自由気ままなにんげんの神さまよ！」（サーチン〔集英社『デュエット版・世界文学全集46』七七頁〕）

ところで、誤謬の認識（真理の発見）が嘘の発生の前提になるということは、誤謬が嘘の発生に先行して独立的に発生しうるということであるけれども、嘘の側からの誤謬への反作用も認めねばなるまい。嘘は人の判断を誤らせる機能である。そしてそれは、自然発生的な事実誤認を決定的なものにする上での虚構の役割にも関連することがらである。虚構と現実の混同こそが人間なるが故の誤謬のはじまりといってよいであろう。嘘はその人間的誤謬を逆用するのである。

しかし誤謬の発生についてはもう少し詳しい検討が必要である。

〔一九八三年九月号〕

十五　続・真理の起源

前に引用したゲーテの言葉、感覚と判断に関する箴言《しんげん》、を私流に翻案すれば、「自然は誤りを犯さない。人間だけが誤るのだ。」ということになろうか。

もっとも、人間も自然の一部であるから、自然法則の外にはみ出た動きをするはずはない。だから自然一般としての人間は誤りをもたない。人間が事実誤認をする場合でも、自然法則に忠実に従っているのである。人間の生理が自然法則を正確に履行していないとしたら幻視や幻覚もありえないであろう。幻視や幻覚はそれ自体では全く普通な自然現象であるに過ぎないけれども、特殊な自然としての人間の認識の領域においてのみ誤謬に転化するのである。

自然の反映現象は、必然性であって誤ることがない。偶然性によってかき乱されることがあっても、それはいわば、ある必然に他の必然が介入するからともいえるのであって、全体として自然必然性の領域の中にある。だから偶然的に映像が変化すること自体が反映法則の必然なのである。

ただ、「能動的反映」とか「創造的反映」とか呼ばれる人間の認識活動においてのみ、ある種の反映像が誤謬や虚偽と呼ばれるに至り、したがってまた、その反作用でそれと対立する反映像が真理と呼ばれたりするようになるのである。そのことをいいかえれば、対象的現実とその映像の不一致がはじめて本格的に展開するのは、人間という創造的主体の反映においてのみだということである。

ここに真理と自由の本来的な不可分性が芽生えている。自然必然性に基きながらそれを超える自由な存在が、与えられた必然を超える過程としての「必然性の洞察」において、現実との直接的対応を超えた映像の形成が不可避になる。対象とその像の直接的一致がとりあえず破壊されるのである。

人間が誤りを犯すのは、人間が自由意志によって自分の行動を選択的に決定する存在だからである。意識が判断の容相を帯びる度合いは、人間の行動の前に可能な選択肢が開拓される度合いと相互作用的に比例するであろう。判断とは、試行錯誤を通じて行動領域を拡大する創造的主体の活動過程の仮象といってよいのではないか。

誤りは目的意識と不可分であろう。目的のないところに誤りを云々するのは無意味である。認識はその目的に対して誤るのであって、それは価値認識に限らず事実認識においても同様である。認識がもし意識の外の現実を正しく把えることを志向していないとしたら、つまり正しい認識を目的としていないとしたら、そこには誤りということは起こりようがないだろう。だから、人間であっても目的をもたない人間はただの自然同然で何一つ誤ることがない。彼はただ人間らしく生きようとする目的に対して誤っているだけである。

動物や人間の意識のような内在的な映像以前の、単純な外在的反映の場合にも、対象と映像の不一致と一致の差別がある。像の鮮明度の差別もある。同じリンゴの映像でも凸凹の鏡面においては、平滑な鏡面の場合よりはるかに歪んでいる。また曇った鏡面の像は不鮮明である。しかしこんな場合も鏡自体は決して誤りを犯しているわけではない。歪んだ鏡面が歪んだ像を映すことは、自然法則の正確な表現である。鏡は判断を行っているわけではない。判断がないから、判断の誤りもない。

同一の鏡が同一対象について二つの異なった映像を持ち、どちらが正しいかと判断に迷うようなことは、かつてなかったし今後もないだろう。ところが人間は個人が、同一対象への異なった解釈や異なった映像を意識の中に並存させ、それらを比較検討したりするのである。ここに、単純な外在的反映における像の歪みと人間の認識（判断）における誤謬とを、同日に論じられない決定的理由がある。人間の認識は反映ではあっても、幾重にも媒介的な複合的反映なのである。

私はこれらのことを、旧著『反映と創造』の中で、ヘーゲルの「すべての事物は判断である」といういい方に疑問を呈しつつ、かなり詳しく述べた。今それをそっくり繰り返すつもりはないが、真偽の判別が、虚構を媒介にした人間の洞察的意識において、はじめて本格的に展開されるという考えを再びはっきりと主張しておきたい。

もし認識という意識活動が、現前に与えられた対象的現実を受け入れ追認するだけのものであったならば、そこには認識と現実の不一致などという問題は起こりえないといってもよいであろう。認識は常に現実の結果としてしか存在しないわけだから。

認識と現実の一致関係の不確定性は、虚構を媒介にする間接的認識、洞察、想像、推理などの次元においてはじめて不可避的になる。はじめて必然的な事態となる。

しかし、外在的反映における像の歪みと認識の誤謬とを同日に論じることはできないにしても、両者は全く無関係なのではない。認識の誤謬は映像の歪みの高次な発展形態と見なすことができる。映像と現実の妥当における多様な形式や多様なレベルの変化が基礎にならなければ、高次な媒介的反映における真偽や正誤の差別も生じえなかったにちがいない。

それに、外在的反映における像の歪みそのものが、一つの人間的抽象であることに注目しなければならない。例えば、鏡面上のリンゴの像が歪んでいるという判断は、鏡面の現象からリンゴの像を特定的に抽出することを前提にしてはじめて成立するのである。一体だれがこのような抽出や判断を行うのか。鏡が行わないのは自明である。そして地球上では、人間以外の如何なるものもこのような抽出や判断を行わなかったことも、ほとんど自明であろう。

実は、人間による抽象作業や判断作業を差し引くと、凸凹な鏡面における像の歪みそのものが雲散霧消してしまうのである。鏡面にはリンゴだけが映っているのではなく、鏡、光線、リンゴを含む鏡の外界、それらの実在的な交渉関係の全体が映現しているのである。鏡の凸凹と映像との関係も正確に表現されている。その意味においてこの融合的全体映像は、それに対応する現実の姿をいささかも歪めてはいないわけである。この正確無比な融合的全体映像からリンゴ以外の諸条件を全部捨象し、残ったリンゴの映像だけを特定的に問題にすることによって、そこにある映像はとたんに歪んだリンゴ像に転化するのである。

このことは、この場合のリンゴの映像の歪みが人間の主観の産物だという意味ではない。そこにあるリンゴの映像は実際に歪んでいるのである。ただ鏡面の像は鏡をも含めた現実の全体像として歪んでいるのではなく、リンゴの像としてだけ特定的に歪んでいるのである。つまり、そのような抽象と判断を前提にする限りでリンゴの像は客観的に歪んでいるのである。

この場合、前提的抽象や判断を行うものは必ずしも人間でなくてもよいわけである。鏡面像を外から批判的に観察する能力のある第三者でありさえすればよい。実際にはそんな能力のある第三者は人間しかいないけれども、それが誰でもよいということは、抽象者や判断者の仮定を条件として映像の歪みが成立するという意味である。

意識以前の、自然の外在的反映における映像の歪みというものは、すべてそのような性質のものである。すべての外在的仮像には、その根拠となる実在的諸関係の総体が表現されているのであって、ただ抽象的仮定の上に立ってだけ何ものかの映像として特定されるのである。そして特定されることによって条件的に歪むのである。湖面に山の影を見るのは一つの抽象的仮定である。波や風や光の映像を捨象することによって、山の像だけが揺れ動くのである。

不鮮明な映像の場合も同様である。それはある特定対象の像という仮定に立ってのみ不鮮明になるのである。何故ならばそのことは、その対象の像を不鮮明にする現実的諸条件が鮮明に映現していることにほかならないからである。たとえていうなら、霧によって視界が昏《くら》くなることは、霧の介在がはっきり見えることと同じことなのである。反映は実在の異化による再同化である。

映像の歪みは反映の本来的整合性の一面であり、何らかの仮定的前提の上に立ってだけ特定の対象と映像の不適合が成立するということは、認識における誤謬の淵源《えんげん》を暗示してはいないだろうか。虚構の成立と真偽の弁別の不可分な関係は、最も単純な反映の中に既に予感されるのである。

歪んだ鏡面でリンゴの像が歪むということは客観的に実在する必然的過程である。しかしこの過程は、独立的に純粋に現象しはしないのである。反映という現象そのものが諸物の複合的な関係構造であるからである。鏡とリンゴの関係は、それをとりまく光や空気などの複合的関係構造の中に融合してしか存在しないのである。そこから鏡とリンゴの関係だけをとり出すことは実際上は不可能である。ましてやリンゴの像だけをとり出すことは一層不可能である。リンゴそのものをとり出せばよいようなものだが、そうすればそこにある関係構造の全体が崩れてしまう。だからリンゴの像は、ただそこにからまっている他の諸関係を捨象する仮定によって抽象することができるだけなのである。そしてここに映現した映像が、この関係構造全体の表現としてはいささかも歪んでいないことと、リンゴの個別的映像としては著しく歪んでいることとは、互いに支え合う不可分な関係になっているのである。

このような全関係の客観的真実性は、人間の分析的認識によってはじめて判明するのである。これが、鏡面のリンゴ像の歪みには、人間的仮定が前提として隠されているということの意味である。

なおここには、真理の人間臭さを連想させるさまざまな事実も含まれている。例えば、部分像としての歪みと全体像としての歪みのなさが支え合う事実は、認識における誤謬と真理の相互移行的反映規定を予想させる。

誤謬なしに真理は成り立たないし、真理なしには誤りも生じない、という相互作用が確立するのは人間社会でのことだ、と断言してよいと私は考えている。

もっともこのような考えには異論も予想される。誤謬からただちに真理へ移行するのは誤りである、それは真偽という反映規定と正誤という反映規定の短絡的混同ではないか、と。

その人はいうであろう。正誤の対立は、たしかに認識や実践など人間的行為の次元にしか存在しない対立であるかもしれない。認識が認識の目的に背くことは誤りといえるであろう。だが真理は人間界に限られない内容である。だから、真理と誤謬を一対のセットにする反映規定が、そもそもインチキな仮定なのであって、真理を認識次元に解消するための罠である。真理は虚偽と対立しているのであって、誤謬と対立しているのではない。真偽の対立は、人間の意識にも人間そのものにも無関係に存在している、と。かくて問題は全く振り出しに戻るかのように見える。

しかしやっぱりそうではない。私が真理を誤謬に対立させたのは、それなりの理由があってのことである。たしかに、言葉にこだわれば真偽と正誤は同義でないかもしれない。だが、両者は、時には同一視されても差し支えないような密接な関係をもっているのである。それは一言でいえば、認識内容と認識機能の関係である。認識は機能としては人間という特殊な物質の属性であるが、認識内容としては対象的現実の映像なのである。この対象的現実には、人間自身の生活過程も勿論含まれているが、人間以外の広い自然が包含されているのである。認識内容と認識機能は、認識と現実の関係を規定する二つの側面である。このどちらの側面が欠けても認識と現実の関係は十分には定まらないのである。そして、正誤は主に認識機能に関する判断であるのに対して、真偽は主に認識内容に関する判断といってよいであろう。

認識が「誤る」ということは、認識が人間の属性として正しく機能せず、認識本来の目的に反することである。だが、そのことはとりもなおさず、認識内容をなす映像が対象的現実に合致しないことであり、認識内容に多くの虚偽が含まれたままの状態にとどまっていることを意味するであろう。だから、事実誤認や価値誤認は、認識内容としての虚偽と実質上同じことなのである。真理に対立する虚偽を認識上の誤謬と同一視しても差し支えない理由はそこにある。

虚偽と誤謬の間には、同じ認識を内容の側からいうか、機能の側からいうか、の表現角度のちがいがあるだけなのだ。そしてまた、認識活動の正誤の区別は、結局は認識活動に対する価値判断であるわけだから、その意味からも真偽関係に同化するのである。

認識内容としての虚偽は、認識の誤りの結果である。だから人々は、虚偽のことをしばしば誤りと呼ぶのである。

いうまでもないことだが、誤認や誤解は、単に「知らない」とか「判らない」とかのことではない。だからそれらは、一定の知識や判断力の発達を前提にして生ずるものであろう。誤謬を人間的現象と見る理由もそこにある。もちろんそうはいっても、真偽の分岐は人間社会において忽然《こつぜん》と発生するわけではない。遠くは反映一般の含む矛盾に淵源《えんげん》するだけでなく、近くは動物的意識の中にその分岐の前触れが育っていたにちがいない。

人間以外の動物も人間に似た誤りを犯すことがあるし、それに相応した正しい判断力ももっている。しかし人間に較べる時、その判断の幅はきわめて狭いといわねばならない。彼らの判断行動は本能的反射からいくらもへだたってはいない。彼らも、後天的経験や学習によって判断力をある程度増幅させはするけれども、何よりも決定的なことは、自分の肉体的諸条件から解放されて判断することがない点である。彼らの判断は直接的感覚的判断の域からほとんど脱しない。虚構を使ったり、他人の経験をとり入れて判断力を増幅させたりすることがないのである。

肉体的必要に制約された判断においては、客観的真偽の弁別はまだほんとに上提されはしないであろう。肉体の直接的必要から解放された知的判断において、はじめて、好き嫌いに拘《かか》わりない客観的真理が問題になりうるのである。それは虚構の活用なしにはありえない高次な性質の判断である。

他の動物は、五官の個々においては人間よりはるかに鋭い判断を示しても、直接的感覚や表象の外に立つ推理力や想像力に乏しいのである。だから彼らは迷信さえもちえないのである。

無知は迷信の母といわれるけれども、全き無知は迷信さえ生まないのである。迷信は想像力の一定の発達を前提に可能になるといってよいだろう。真理というからには、せめて迷信の克服ぐらいの意味内容をもたねばなるまいと私は思う。私が真偽の弁別を人間的現象と見なす所以《ゆえん》は、大ざっぱにいえばそんなところにある。動物的意識一般の判断力の中に真理への一粒が既に芽生えているとはいえるかもしれないけれども、動物程度の認識内容を真理と呼ぶとすると、真理ははっきりと表現された意味内容をもたない模糊《もこ》とした内在性に退化せざるをえないだろう。真理は具体的に表現された認識内容でなければならない。それは真理が備えねばならぬ要件だと思う。そして更に虚偽や誤謬の克服でなければならない。これも要件だろう。

人間以外の動物は、まだ誤謬らしい誤謬をもってはいない。誤謬や誤解もはっきりと表現された意味内容をもたないうちは、誤認や誤解として成立しているかどうかさえ判然としないのである。罠にかかる動物や飛んで火に入る夏の虫は、一見誤りを犯しているかのように見えるけれど、実際の内容は肉体的必要に制約された条件反射の域を出ていないのではないだろうか。

全体として自然必然性に順応しているだけなのだと思う。

虫は光に反応することによって何の事実誤認も行ってはいないであろう。火の中で虫はいわば予期せぬ出来ごとに逢着《ほうちゃく》しているに過ぎないのである。釣針にかかる魚にしても同じようなものではないだろうか。

諸般の事情から勘案して、その日に地震は起こりえないと判断していた人が、地震に逢えば、彼は判断の誤りを犯したことになる。しかし、そんなことを何も考えていなかった人が偶然地震に逢っても、その人は別に事実誤認をしたわけではない。何も考えないことと誤った判断を下すことは、外見上似ていても同じではない。

「コンピューターが誤りを犯す」とか、「鯰《なまず》が地震を予知する」とかのことは、すべて擬人化した表現であるに過ぎないだろう。私はやはり、「人間のみが誤りを犯す」といいたい。そして同様に、「人間のみが真実を知る」といいたい。「真実は天のみが知る」というのも擬人化表現である。かつてそんな放言をした裁判官があったが、それは彼自身の無責任の白状にほかならなかった。真実は人間的努力と責任において闘いとるものであり、天から与えられるものでは決してない。

人間は想像力や推理力を育てたおかげで認識上の誤りを犯す蓋然《がいぜん》性ももつことになった。現実認識の一定の発達に基いて誤りを犯すことと、誤謬の克服に基いて真理を獲得することとは、互いに転化し合うような螺旋《らせん》的連鎖と形容できるのではないだろうか。そしてその連鎖の結び目になっているのが虚構である。

虚構の扱い方こそが真偽の分岐点でもある。真偽の判断は、虚実の判断に基いて発展的屈折的に成立するものだと思う。『反映と創造』の中で、私はこの発展を一種の「逆転」と呼んだ。真理は虚構の中にしかないという意味である。虚構であるからこそそれが現実に合致するか否かが問題になりうるのである。現実に対して現実に合致するか否かを問うのは無意味である。

だから、恐らく最初の人間的誤謬は、虚構と現実を混同することに出発したのだと思う。そしてその混同は虚構の真実性そのものへの感銘に導かれたともいえるのではないか。これは原始的ミメーシスの成立段階に起きたことがらの推測であるが、今日のわれわれ自身の認識のあり方に照らしても成り立つ関係のように私は思っている。

誤認や誤解は決して無根拠に生まれるものではない。それらも現実生活そのものから派生する仮象であり、反映現象の一種であるから、その原因をつきとめれば、誤りを解消する道もひらける。そう考えるのが反映論であり、つまりは史的唯物論の立場であろう。史的唯物論が、観念論的誤謬に対して、形而上学的唯物論と異なった態度をとるのも主としてこの点にかかっている。周知のように、レーニンは観念論的誤謬を何ら根拠のない「全き虚妄」とは見なさなかった。真理の一面の逸脱的誇張と見なしたのである。

一面的真理への無条件的固執が誤謬に転化する、という考えは誤謬の発生についての史的洞察へとわれわれを導く。そればかりではない。真理と誤謬の相互浸透、その相対的反映規定、相互転化の法則にも眼を開かされる。どんな真理に対しても教条主義的に固執してはならないのである。

天動説に対する地動説の真理性も絶対的に固定化すれば、あらゆる虚偽と同じ道を辿《たど》るであろう。天動説は単なるデタラメであったのではない。地球上の生活者から見た強い実感に支えられてもいたのである。地動説を理解する今日のわれわれの感性に対しても地球は不動であり、太陽は動くのである。

超自然への非合理的信仰や、馬鹿々々しいような迷信にしても、それが普及するには人々をとらえる何らかの理由があったのである。何らかの真理性に基かずに誤謬が発生することはないし、何らかの誤謬の克服としてではなしに真理が獲得されることもない、といってよいのだろう。

今日の真理論にとって見逃してならないことは、人間が真理を発展させる反面で誤謬をも発展させて来たことである。核軍拡の推進者は少数であっても、その誤りの撒《ま》きちらす現実的危険はかつてない巨大さに達しているのである。

私自身にとっての真理入門の文としても、書き足りないことが多いが、真理の人間性、真偽の対立は人間社会のみに固有な現象であり、人間を離れればその対立は消滅すること、人間は真理の発展に責任をもたねばならぬこと、などを暫定的結論として筆を措く。

〔一九八三年一〇月号〕

続・真理について

「葦牙」一九八六年八月号から一九九一年八月号まで不定期に連載

一　前置きと宿題

かねがね私の気にかかっている一つの文章がある。一九三四年にベルトルト・ブレヒトが書いた「真実を書く際の五つの困難」がそれである。芸術の方法のかんどころを、反ファシズムのたたかいに結びつけて具体的に解明しようとする熱情が犇々《ひしひし》と伝わるような文章であるが、われわれを考え込ませずにはおかないような、さまざまな問題提起が含まれている。ブレヒトの他の文章ともにらみ合わせて、いつかゆっくり検討したいと思う。このきわめて方法意識の強い作家は、その方法意識に見合うだけの効果を実作の上にもたらしたと認められているから、方法論上の問題提起にも重みが感じられる。

私が検討したいと思っていることの中には、簡単な調査ですむような問題も含まれている。例えば、以前別の所（「思想の科学」第四八号（一九八四年六月））でも触れたが、「……今の時代にものを書くすべての人間には、唯物弁証法と経済と歴史の知識が必要なのだ。」という個所などがそれである（千田是也訳編『ブレヒト演劇論集』一三頁）。これは当時既にはじまっていたかとも思われる「唯物弁証法的創作方法」批判とどういう関係にあるのか。それを意識しての言葉なのかどうか、という問題。これはちょっと調べれば恐らく簡単に片付く問題だから、或いは私が知らないだけで、世の文学評論家達は誰でも既に知っている常識なのかもしれない。だから、ブレヒトが唯物弁証法的創作方法論争を意識していたか否か、それ自体はたいした問題ではない。だがそこから派生するさまざまな疑問もある。唯物弁証法と創作方法の関係についても、もう一度あらためて考えてみたい気持ちも誘われる。

このあたりとつながって、もっと私を直接にどきりとさせるような部分もある。真実の種類の問題、「話す値打ちがある真実」とそうでない真実の区別がこれである。ブレヒトは、「例えば、現在……偉大な文明国がつぎつぎに野蛮国に転落しつつある。……」というような重要な真実にくらべて、「例えば、椅子が座板をもち、雨が上から下に落ちる……」という類いの、あまり重要でない真実をあげ、「多くの作家が書いているのは、こうした種類の真実だ。かれらは沈没しかけた船の壁一面に静物画を飾ろうとする画家に似ている。」と書いている〔同前一二頁〕。

私がどきりとするのはいうまでもなく、私自身が世間で画家と見なされて居り、しかも核軍拡で人類存亡の危機が問われているような今日、しばしば変哲もない静物画を描いているからである。「静物画というジャンルは将来なくなるだろう」というような昔からよくある意見は、たいして気にもとめなかった私だが、ブレヒトのいい方はやはり気になる。譬喩《ひゆ》の言葉にこだわるのは野暮なようだが、文字通りうけとれば、ブレヒト意見は「反核平和の壁に花一輪を」

という日本の平和展運動のスローガンと衝突しかねない。その辺を検討しなおさねばなるまい。

私は、シャルダンのリンゴの絵がフランス大革命を呼んだ、などとしばしば書き、また、高橋由一の鮭や豆腐や釜などの絵と自由民権運動との同時代的関連などについても書いてきた。革命的静物画というものが存在しうることは明らかだと今でも思っている。だが概していうなら、静物という題材は、主題に対して殊《こと》に間接的であり、社会的危機を象徴主義的にしか反映しない、とはいえるかもしれない。だから社会の変化を予感的に反映するにとどまり、しばしば無自覚的表現の域にあった、といえるかもしれない。高橋由一が、自由民権運動を応援する意図で鮭を描いたわけでなかったのはたしかだろう。

しかし、ものは考えようで、沈みかかった船の上で悠々と静物画を描くとしたら、これはまた驚嘆すべき度胸ともいえるだろう。しかも椅子の座板を描いていたりすれば、なおさらとも思える。

「雨が上から下に落ちる」という真実に関して思い起こすのは、無着成恭編『山びこ学校』のしょっぱなに掲げてあった中学生の三行詩である。

雪がコンコン降る
人間は
その下で暮している〔のです〕

手許に本がないので正確を欠くかもしれないが、そんな詩だったと記憶する。他の作文や詩はみな忘れてしまったのに、この三行詩だけが妙になまなましく記憶に残っているのは何故だろう、とあらためて私は考える。

この詩に何か哲学的味わいを感じたりするのは、大人の勝手な深読みに過ぎないだろう。作者はおマセな優等生なのではなく、むしろ詩的気転も利かないままに、こんな変哲もない言葉を連ねてしまった、というのがことの真相なのだろう。けれども、そう思いながら読んだ私の記憶にこの詩だけが鮮明なのは何故だろう。

勝手な深読みについての、おし問答的反省があったがために記憶に残っているのだろうか。必ずしもそうはいえない気がする。それは多分、この詩を巻頭に掲げた編者の気持ちと似ているのではなかろうか。「雪がコンコン降る／人間は／その下で暮している」という表現自体が、何となく編者や私を把えたと考えるべきだろう。

あらゆる作品は、作者の手を離れたとたんにひとり歩きをはじめる。よかれあしかれ、作者の意図を超えた内容がそこにつけ加わってくる。そこまで計算するところに、創作方法というものの難しさがあり、またしたがって楽しさもあるのだろう。しばしば芸術表現が意図伝達や自己表現と区別される所以《ゆえん》もそこに生じていると思える。芸術作品の真実性とは、主観を如何に的確に表現するか、と無関係ではないにしても、単に主観と表現の合致にとどまるものではない。つまらん主観がいくら的確に表現されたとしても、底の浅い感動しか呼ぶことはできまい。

このことは、前に「民主文学」に連載した「真理について」の中で触れた本音の真実性にも関係がある。「野党を支持する人は、毛バリにかかる魚みたいなものだ」という表現が、大臣の本音を的確に表現していても、その本音の内容そのものに客観的真実性がないので、誰も感動しないのと同様であろう。

ブレヒトがいっているのも、単に表現形式が認識内容に合致しているという意味での真実のことではない。認識内容そのものの真実性、それが客観的現実に如何に合致しているか、を問うていることは明らかである。そして、「書く値打ち」のないつまらん真実も、「……芸術的な形を与えられるとそれがいかにも重要そうに見えてくる……」ことについて語り、「だからよほど詳しく見ないと、かれらはただ、椅子は椅子だ、雨が下へ落ちるのはだれにも反対できないといっているにすぎないことがわからない。」と書いているのである〔前出一三頁〕。

私には、ブレヒトがきわめて大切なことについて注意を喚起しているのだ、とすぐにも手を叩きたく気持ちがある。その一方で、その大切なことをいざ自分の言葉に翻訳するとなると、かえってわけがわからなくなったような気持ちにも襲われるのである。ことがらは、かつて日本で「主題の積極性」という言葉で交された論議と恐らく関係があるだろう。似たようなことでも、つまらん真実と重要な真実の区別という角度から語られると、また考え直さねばならなくなってくる。そういえば、主題の積極性論議にしても、継続審議事項なのであって、決して解決済みでないことに気付かされる。

それにしても、「雪がコンコン降る／人間は／その下で暮している」という真実は、つまらない真実なのだろうか。それともかなり重要な真実なのだろうか。それが私の心に残ったのは何故なのだろう。単に私の愚かさのせいに過ぎないのだろうか。

ここに再び浮かび上がってくるのが、真理や真実と価値の関係である。これについては、真理、価値、自由、のジャンケンポン的三すくみ構造の仮説を含めて、一般論的には何度か書いて来たが、もっと詳しく具体的に考えてみなければならないだろう。

殊に、芸術的真実を問題にする場合には、価値との関係が肝心の問題点になる。芸術作品が提供するイメージは、それ自体の中に現実への評価が含まれていると思えるからである。科学的真理が好きか嫌いとかかわりないのとは趣を異にしている。

それは美と真の関係の問題でもある。かつて私は『芸術論ノート』の中でこの関係を把え損ねた。その失敗の主な理由は、真理と実在とを混同したところにあった。美は非実在だが真理は実在するなどと素朴な誤りを犯したのであった。真も美も認識内容であるから、そこに事実認識と価値認識の区別はあっても、実在と非実在の区別があるわけではない。その後、「真理について」を書きはじめたのは、この反省の上に立ってのことだった。

私は、真理の起原を人間の認識活動の中に求め、虚構の創造こそが、真偽の弁別が歴史的に成立する機縁だったであろう、というところまで書いてきた。しかしそれは真理論のほんの入口である。真理論は価値論と結びつかねば、ほんとの内容をもったとはいえないだろう。真理が成立してゆく過程は、人間の認識活動が事実認識と価値認識に分化して行く過程と恐らく重なっていると思えるからである。

科学と芸術の分岐が、何故どのようにして生ずるかも、当然論じられねばならないが、それに附随して、批評の起原も探求されねばなるまい。どのような歴史的経過で批評活動が特殊化されるのか。そもそも批評とは何か。これらのことは、みんな真理論にとっての宿題であるだろう。

真理は歴史の産物であるとともに、論理的に入り組んだ関係構造として、拡がりの中で規定されるものだと思う。単純な反映から、反映の重層的複合へと、自然の相互作用関係が発展する過程に、真理は位置を占めている。そういう構想で、真理とは何かという問題を発展的に論じていきたいと考えている。

だから、ブレヒトの真実論の検討に移る前に、たくさんの順序を踏まねばなるまいと思っている。沈没船と静物画の関係、椅子の座板や雨、の問題にやがて論を進めることを宿題にしつつ、とりあえずは、真理の起原の段階にもう少しこだわって置きたいと思う。

しかし、真理の発展を起原から順を追って歴史的に叙述することは、なかなか大変な作業である。それは同時に真理という複合的構造の全体の仕組みを解き明かすことにもなるであろうから、私などの手におえないことは、はじめからわかっているようなものだ。

だから体系的に整然と真理論を展開するつもりはない。ただ、真理が歴史の産物だという考えを軸にしながら、そして真理論にとってのさまざまな宿題をいつも念頭におきながら、つまり大筋においては発展的に順序だてるようなつもりで、行きつ戻りつ、いわば低徊《ていかい》的に感想をノートして行こうと思う。まとまった考えがあって書くというよりは、書くことによって考えるようなものだから、いつ果てるともない文章だが、読者迷惑を考えれば半端でもどこかで打ち切らねばなるまい。とりあえず何回かの連載を許していただけたらと思っている。

二　嘘のいろいろ

柳田国男に「笑の本願」及び「不幸なる芸術」の標題でまとめられた一連の小論集がある。必ずしも一貫したテーマが明瞭なわけではないが、独立した短い論文の各々が、何となくつながった雰囲気をもっていて面白い。読者の思考を刺戟するさまざまなヒントがちりばめられ、いわば玉虫色に輝くかの如きこの論集から、私が自己流で抽《ひ》き出した糸は、笑、嘘、芸術、の三者をつないでいる。

柳田のほんとの論旨がどこにあったかは、今私にとってはどうでもいい。笑、嘘、芸術、とつながった鎖の中で、嘘に最も重い役割が与えられているらしく思えるのが、私の興味をそそるのである。嘘という虚構的本体があってこそ、笑も芸術も可能になる。自ずとそういう事情が浮かび上がっている。

柳田は必ずしも嘘の起源を探求しているわけではないけれども、嘘の歴史を民俗学的資料によって遡《さかのぼ》り、嘘に対する現代的固定観念に批判的な提言を与えている。そこには、既に失われてしまった大らかな楽しい嘘への郷愁のようなものが感じられる。

「古人は勿論偽瞞《ぎまん》が悪事であるは知っていたが、イツハリとウソとには、ほぼ明瞭な区別が立ててあった。」と柳田はいう〔岩波文庫『不幸なる芸術・笑の本願』一四四頁〕。悪事としての欺瞞と区別される嘘とは、罪のないソラゴト一般であり、つまり空想の産物はみなウソだったのだろう。柳田は、イツワリとウソが混同されるようになったのは、関東の方言が普及したためだろう、という。「関東の人は人が好《よ》くて、ソラゴトを知らなかったか、もしくは頭が緻密《ちみつ》でなくて二者の区別を感じなかったのか、とにかくに『偽《いつわ》り』をもウソというのが、この地方の方言であった。」〔同前〕柳田のこの辺の文章は、私にはやや文意明晰を欠くようにも思えるが、——つまり、ソラゴトを知らない関東人が「偽り」だけは知っていたかのようにも受けとられかねないが、——「元来は東京近傍の、至って狭い地域だけが、ウソを偽りの意味に使っていたというに過ぎぬのである。」「それを阪東《ばんどう》武士の進出につれて、京都が真似をして流行させるようになったものらしい。」〔同前一四五頁〕という柳田説にはきっと綿密な調査に基いた根拠があるのだろう。

言語学にも民俗学にもうとい私は、柳田説に異を立てる根拠をもち合わせないし、そのまま受け入れて別に不都合というわけではなく、面白くも感ずる。だが、イツワリとウソの区別がはじめ明瞭だったのに、後にあいまいになった、という道筋は、むしろ逆に考えた方が一層面白いように、私には思えるのである。もともと歴史を遡るほど、ソラゴトと欺瞞の区別はあいまいなのであり、関東にはそのような未分化な意識形態がより強く残っていた、と考える方が自然なような気がする。

人が他人を詭計《きけい》にかけて陥れる必要が、まだそれほど広く発達していなかった社会においても、既に空想による物語は存在していたであろう。ソラゴトが欺瞞に利用されるようになったのは、欺瞞が社会的必要になってしまった新しい時代でのことだろう。その時から悪徳としてのウソも本格的に出発する。ソラゴトの歴史的分化が、ソラゴト自体を両面的に育て上げたのであろう。

ソラゴトはつまり虚構であるが、現在でも虚構という言葉は善悪両様の意味をこめて使われている。政治家が政敵の言説を「それは全くの虚構だ。」ときめつけるような場合には、悪事としての欺瞞を意味しているが、文芸評論家が口にする「虚構」には少しも批難の意味はなく、むしろ芸術的リアリティーを支える手段として肯定的に把えられているのである。

だからウソという言葉が両義的に使用されたとしても、さほど不思議ではない。だが、「ウソつきは泥棒の始まり」などといつ頃からいわれるようになったかは知らないが、近代になってウソが専ら悪徳と見なされるようになったのにも、それなりの必然性があったのだろう。「人を見たら泥棒と思え」というような社会で、ウソが詐術として悪用される頻度が増した結果が、そこに反映しているにちがいない。

ウソが悪徳と認定されるにしたがって、近代人は罪のないウソを楽しむ自由を失って行く。そのことを柳田は深く嘆いているようである。彼は、ウソが人々の楽しみであったばかりでなく、生活の技術でもあった時代について、さまざまな事例をあげて論証し、復原的に活写する。ウソの競技会や、ウソの名人が珍重された事実などは、今日の偽善病への一種の解毒剤的効果をもつように、私にも思える。

柳田は、ウソが悪徳でなかった時代の名残りが、現代人の会話の中にも見られることを指摘する。「町の女たちは何かというと『ウソよ』とか『ウソばっかり』とかいう言葉を、愛嬌《あいきよう》に使っていたことは人の知る通りであり、ついこの頃までも『ウソおっしゃいよ』などと、平気でいう人が沢山あるのである。是をうっかりと英語などに直訳して、**you lye** だの **lyer** だのと言おうものなら、それこそ大変な騒ぎになるだろう。」と（同前一四六頁）。なるほど、この文章が書かれてから六十年近い今日、「新人類」などと渾名《あだな》される子女でさえ、「ウッソォ」などと連発している。

柳田の指摘をまつまでもなく、日本でウソがむしろ美徳とされていたことの名残りは、現代の習慣にもなお色濃いといえるだろう。われわれは、人前で本音を吐くなと繰り返し教えられて育ってきた。「武士は喰わねど高楊子」「腹が減ってもひもじゅうない」から「欲しがりません勝つまでは」と続く躾《しつけ》によって、われわれの「遠慮」のマナーは、時に西洋人から不誠実と批難されるほどに身についてしまっている。高価な贈り物に粗品と書いたりもする。

「ウソは日本の宝」といういい伝えを私は或る老女から聞いたことがある。既に故人となったその婦人は花柳界出の人だった。どの範囲に通用していた言葉かしらないけれど、「ウソも方便」を更に発展させたような形で、諺《ことわざ》になっても不思議はないようにも思えた。

しかし、このような美徳としてのウソは、柳田が愛惜する「小児などの自然且つ自由なるウソ」〔同前一五五頁〕とは、やや趣を異にしているともいえる。内心からこみ上げる生気によって「つきたくなるウソ」ではない。むしろ社会道徳として外部から個人に強制されるウソである。

このような、集団への忠誠によって個人の本音を犠牲にするウソについては、柳田の論集はあまり触れていないように思える。それは多分、このような形式的なウソはウソの名にもイツワリの名にも価しないと考えられたからではないだろうか。

柳田は戦国武士の譎詐陰謀《けっさいんぼう》について語りながら、外国にくらべて日本では「悪巧みの必要が夙《はや》くから減少し、したがって目に見えてこの方面の技術は劣っている。その証拠としては偶々《たまたま》何かの必要があって、これを応用した場合を見ると、感歎するどころか、何としても眉を顰《ひそ》め、面《おもて》を背《そむ》けずにはおられぬような、必要以上に害の大いなる惨虐《ざんぎゃく》ばかりが多かった。」と書いている。自分の娘を隣の大名に縁付けて安心させ、聟入《むこい》りの日に不意打ちをかける類いの、露骨で惨虐な謀計ばかりが目につく、というのである。柳田は「悪の技術の著しい退歩」をそこに見ている。〔同前一三二頁〕

日本が幸福な国で争いの必要が少なかったから、悪の技術が退歩した、という説には俄《にわか》には賛同しかねるが、盧溝橋とか柳条湖とかの近代の事件においても、そこで使用された日本のウソの技術が到底鑑賞にたえないほどに、露骨かつ惨虐であったことはたしかといってよいだろう。

封建時代に日本社会が個人に強制した美徳としてのウソは、このような露骨かつ惨虐な謀計の伝統に淵源《えんげん》するように思える。自分の子供を主君の子供の身代わりにたてて殺す、などという謀計には、何ら技術的感動がない。ウソとしてもイツワリとしても単純で拙劣きわまるといってよいだろう。このような「退歩的技術」の習慣化から、儀礼的な美徳としてのウソが定着したのだとしたら、この鑑賞にたえない貧困なウソを、柳田がウソの名に価しないと斥けるのも当然かもしれない。

想像力の羽搏《はばた》きを全く伴わない美徳としてのウソは、ソラゴト本来の資格さえ保たれているかどうか怪しいもので、正にウソの堕落というべきであろう。だが日本人が、この堕落形態のウソを、ウソの仲間からはずし、ウソ扱いしなくなってしまっているということは、角度をかえて観察すれば、この堕落的ウソがそれだけ強固に日本社会に根をはってしまっていることであろう。

　柳田がいうように、日本でウソが衰退しているように見えるとしたら、それはあまりにも卑俗なウソがはびこり過ぎ、そのためウソへの判断力が一般的に鈍磨したからではないだろうか。私には、実は、ウソの感覚が衰えたというよりは、むしろ未発達という方が真相のような気がするのである。つまり、ウソとマコトの区別をアイマイのままにしておく生活習慣から、なかなかぬけきれないでいるのが実状のようにも思えるのである。

　ウソへの感受性が鈍いということは、とりもなおさず真実への感受性も鈍いということになる。このことは、ベネディクトのいわゆる「恥の文化と罪の文化」の問題にもかかわるかもしれない（『菊と刀』）。日本では虚言への罪の意識がきわめて希薄であることが、例えば、ロッキード裁判での日米の証言の対比を通じて、あらためて印象づけられた。日本人の証言においては、「記憶にありません」というようなとぼけた嘘が、罪の意識にわずらわされることなくすらすら出てくるだけでなく、嘘がかえって自己犠牲的な正義感に支えられているかに思える場合さえあった。会社や徒党の秘密を守るため、身を挺して嘘をつき通すような人もいないわけではなかった。「毛唐は無責任だから何でもぺらぺらしゃべってしまうが、日本の男は責任を重んずる。」などと遺書をのこして自殺した関係者もあった。そこには、国のため君のため、断乎として貫き通す美徳としてのウソの伝統が、まざまざと生き残っているようであった。

　美徳としての嘘の伝統は、殊に政治家の間で営々と守られているように見える。日本の保守党の政治家たちが、核軍拡の問題をはじめとして、見えすいた嘘を臆面もなく吐《つ》き通すのは、「お国のためにはこの嘘が必要だ」という「道義的弁解」を心の支えにしているからではないだろうか。つまり、真実は国を危くすると信じた方が彼らの利益に合致するのだろう。

私がいつも滑稽に思うのは、議会での大臣たちの「失言取消し」の習慣である。国民を愚弄したような放言が問題になると、その放言を失言として取消し、陳謝を表明することで一件が落着するのが慣わしである。野党の追及も大体そこでおさまってしまうのが奇妙である。ここにも、嘘への寛容というより嘘の讃美と呼んだ方がいいような習性が見られる。本音の取り消しと心にもない嘘の陳謝を、人々はそれと知りつつ道徳的にうけ入れるのである。

嘘を美徳と見なすことは、嘘を道徳的に讃美することではあるけれども、嘘の技術を鑑賞し、その味わいを讃美することではないようだ。嘘の陳謝、つまり似而非《えせ》陳謝、にはほとんど技術などは要らないのである。言葉だけで簡単に片付けようとする場合に「すみません」を連発すれば「すんでしまう」ようなものである。

柳田はこのような道徳的嘘を容認しているわけではないけれども、その論調は全体として、イツワリとしてのウソにも寛大であるように思える。それは例えば『孤独な散歩者の夢想』におけるジャン・ジャック・ルソーにくらべる時、きわだった印象になる。ルソーは、自分自身の虚言体験を材料にしながら、四方八方からつつきまわすようにウソのまわりを散歩する。彼は、個々の真実は「必ずしも善ではない。それは、ときによれば悪であり、どうでもいい物である場合が最も多い。」としつつ、結局は、「虚言が完全に無罪であるということは、困難で、稀有《けう》なことになる。」と論証する〔新潮文庫改版六五、七〇頁〕。つまり「真理のためには命を捧げる」という彼の座右銘に見合うものとして、虚言の罪悪性を糾弾する姿勢が文章の主調音となっているのである。

ルソーもウソの種々相にたんねんに目を配り、人に害を与えないウソや、「親切な虚言」をも観察している。「義俠《ぎきょう》的なる虚言よ！　いかに真理の美しからんとも、汝より優《まさ》りたるものあらんや。」と歌ってもいる〔同前八五頁〕。けれどもそれは、友人の過失をかばうために秘密を守ることが「義俠的なる虚言」と呼ばれているような具合で、国や集団への忠誠のため積極的に偽りの証言をすることなどとは程遠いものである。むしろ沈黙までも虚言と同一視するほどにウソへの厳しい姿勢が感じられる。彼が自分の虚言をいろいろ告白して見せるのも、虚言の罪をどれだけ深く認識しているかを示すためでもある。少なくとも読者にそう思われるように書いてある。もちろん、この種の正直さは、弁解とうけとられ、弁解そのものがウソではないか、という新たな疑惑を生むのはやむをえないことである。けれどもそのような不可避性を承知の上で、虚言を罪として糾弾する建前を崩さないところに、ルソーの特徴があるように思える。それが柳田の寛容と対照的な印象なのである。

ルソーの場合には、柳田のいうウソとイツワリの区別は一層はっきりしている。「自分および他人の得にも損にもならずに、嘘をつくのは、嘘をつくのではない。これは虚言ではなくて、虚構である。」〔同前七〇頁〕といい、一般的にはその虚構に属する物語や小説が、虚言に転化する場合についても検討している。そして、「事実の真実より百倍も尊重すべき道徳上の真実」〔同前七三頁〕という観念を提出する。彼にあっては道徳上の真実に反することこそが虚言なのである。そして更に、「倫理上の難問題にぶつかると、いつもながら僕は、理性の光に拠《よ》るよりは、むしろ良心の啓示で解決することにしている。」〔同前六九頁〕と書く。彼にあっては、良心は「道徳的本能」であって外から強制される道徳ではない。

ところで、というより従ってというべきかもしれないが、ルソーが自分の虚言体験を反省して、「羞恥心の結果でしかなかった」〔同前六二頁〕としているのが興味深い。真実を愛し、虚偽に対する恐怖の念を常に抱きながら、意志に反してウソが出てくるのは何故か。「虚言の方が意志に先行する」〔同前七八頁〕のは、羞恥と内気に強制されるからだとルソーはいう。ベネディクトのいわゆる「恥の文化」と「罪の文化」の対比が連想される。

ウソの発祥がもし世間体にあるとすれば、恥の文化圏で嘘が美徳となるのは、きわめて容易に推測できることである。嘘は真実を覆う無花果《いちじく》の葉っぱのようなものなのだろう。だとすると、それはまた罪の文化圏にもつながるものである。原罪とともに羞恥心も生まれたと聖書は語っているからだ。罪の意識と恥の意識にはもともと接点がないわけではない。ただ甚だ異なった現れ方をし、まるで正反対の道徳にまで結びつくに至ったのであろう。

良心も羞恥心も、社会生活のストレスが個人の意識に潜在化することによって形成される

「公共的本性」であって、非社会的に疎外されたヒト科動物に、自然的に与えらえているものではなかろう。ただ、羞恥心が他人を意識するのに対して、良心が自己を意識する点で対蹠《たいせき》的である。羞恥は他人に囲まれた時に鮮明になり、良心は孤独の時に鮮明になる。前者は他人の中に自己同様の眼を感じ、後者は自己の中に他人同様の声を聞く。

羞恥が虚言を誘い、良心が真実の告白を誘うのは、人間の公共的本性そのものの二面性から来るのであろう。一見対蹠的でありながら、双方とも一種の心理的苦痛として自覚されるところは共通している。羞恥は外から襲われる感じの痛みであるが、良心は内からの苛責《かしやく》である。内心からの痛みが感じられない時には、良心は存在しないといってよかろう。

このことを逆にいえば、虚言は羞恥の痛みを柔げる効用をもち、真実の告白は良心の苛責を柔げる効用をもつ、ということになる。たいていの場合、その効果は一時的なものに過ぎないとしても。

羞恥を柔げる嘘は、「穴があったら入りたい」と思う人に提供される穴の役割を果たす。現実を覆い隠して逃げ場をつくる意味での嘘だから、専ら防御的な性格の嘘であろう。弱者が反射的に用いるものである。だから敵を陥れるための積極的な計略とは異なるように思える。だから嘘の動機がすべて羞恥にあるとはいえないだろう。政治家が見えすいた嘘を強引に貫く場合のように、恥知らずでなければ吐《つ》けないような嘘もある。

柳田は他人を欺く嘘に関し、「アザムクはアザ笑うなどと同じく相手を愚《ぐ》と認めること、即ち仇敵《きゅうてき》を意味するアダと、もとは一つの語だったらしいのである。」と書いている〔前出一五二頁〕。だが、今手許の古典辞典には、そんなことは書いてなく、「アザはアザ（痣）・アザヤカ・アザケリのアザと同根。人の気持ちにかまわずどぎつく現れるものの意。ムキはブキ（吹）の転。自分の気持ちのままに、口から出まかせをいう意。」とあるだけである。いずれにしろ、計略で他人を騙《だま》す場合の嘘は、ルソーのいう「意志に先行する虚言」、心ならずもつい出てしまうウソ、のように防衛一方の感じとはちがい、かなり攻撃的な感じがある。敵対意識がはっきりしている。

けれども、攻撃と防御は同じ戦闘関係の両面であり、もともとは同じものである。敵対関係そのものがウソを要求するという点では、「意志に先行する虚言」も計略的虚言も全く同じである。羞恥は裏返しの自己顕示欲ともいえる一種の孤立感であり、外部を多かれ少なかれ敵対的に意識することなしには生じえない心理であろう。

また、嘘は一種のコミュニケーションであり、言葉を用いるのが普通だから、言葉によるコミュニケーションが全く断絶し、暴力的敵対しか存在しないところでは成立しないものである。敵対的でありながら、しかも心の通い合う関係が、欺瞞としての虚言の成立条件であろう。そう考えると、どんな能動的な虚言も、相手への妥協なのだから、自分の弱味の自覚と結びついている。独裁的な権力者がしばしば嘘つきであるのは、彼の孤立感を物語ってもいるだろう。

だから、羞恥からくる逃避的嘘も、悪意に満ちた計略的嘘も、自分の弱点をカバーする実用性においては、全く同じといってもよい。敵対関係の少ない社会では、また、強い人間や、自信のある人には、嘘をつく必要はない。仮に嘘を鑑賞したり、娯楽として嘘をつくことはあっても、必要に迫られて嘘をつくことはないだろう。

そういえばゴーリキーの「どん底」のサーチンのせりふが思い出される。「嘘――こいつぁ、奴隷と主人の宗教だ……」〔集英社『デュエット版・世界文学全集46』七七頁〕。社会が階級に分裂したことが、嘘偽りを社会的必要に転化させた最も大きな原因だった、といってもよいのではなかろうか。もちろん、階級対立以外にも人間社会にはさまざまな敵対関係があるから、階級制度さえなくなれば嘘の必要がなくなる、というほど単純なものではないにしても。

「嘘つきは泥棒の始まり」という諺のリアリティーは、私有財産の発生と実用的嘘の因縁を暗示しているところにあるように思える。殊に、虚言が悪徳と見なされるようになったのは、それが他人の財産を騙しとる技術として頻繁に用いられるようになったことと、関係が深いにちがいないと思う。騙す側からいえば、嘘は財産をふやす技術だけれども、騙される側からいえば財産権の侵害になる。自分は嘘の技術を磨きながら、他人の嘘を非難するのが商取引というものであろう。だから商取引の発達は、一方で嘘を社会的必要として未曽有の規模に発展させながら、他方で嘘をかつてない厳格さで悪徳として非難するようになったのであろう。嘘の横行は信用取引制度の根底を危くする。本音としての嘘の容認と、建前としての嘘の否認、この二重構造的組織が、最後の階級社会といわれる資本主義社会の特徴なのではないだろうか。

だから、「罪の文化圏」においても、決して嘘は衰えているわけではない。また、「恥の文化圏」においても、嘘を悪徳とする建前は不可避的に発達し、嘘を美徳とする建前を駆逐しつつあるのであろう。

諸民族は、嘘に対してそれぞれ独自の反応をもっているようにも見えるけれども、それは決して固定的反応ではないだろう。人間は歴史のさまざまな段階で、社会構造のさまざまさにひきずられて、さまざまな対応を示したに過ぎないのであろう。嘘への対応は歴史の過程で変化し、人間の嘘という大きな統一運動を形成しているのだろうと思う。

人間の嘘の歴史には、簡単にはあげきれないさまざまな局面があるけれども、最も肝心なことは、それが真実の発達史の他面にほかならないということであろう。人間は嘘の発展を通じて真実を成長させたのであり、嘘の歴史と真実の歴史は、実は同じものであろう。真実を究めようと思えば嘘の研究は欠かせないのである。柳田国男の仕事もルソーの仕事も真理論の一部を占めているのである。

真実を求めるなら、まず嘘を発見しなければならない。嘘の研究をせずに真実をみつけることはできない。犯罪捜査の機械化においても、まず嘘発見器が発明されたのである。じかに真実発見器を発明した方が、てっとり早いのにと思っても、それはもともと無理なのである。

真理の起源を考えるにあたって、まず嘘の種々相に眼をくばるところからはじめる理由もそこにある。ここまで私が問題にしてきた嘘は、客観的なソラゴト一般のことではなく、主として自覚的な嘘のことである。今の言葉遣いでは、「嘘吐《つ》き」とは、それが真実ではないと知りつつ真実であるかのように語ること、を指すのが普通である。つまり嘘吐きとは誰よりもよく真実を知っている人のことなのである。聞いている人はみんな彼の嘘にだまされたとしても、当の彼だけはいつも嘘を見破っているわけである。だからここでは、嘘の自覚と真実の認識は同じものである。では、嘘の自覚はどのようにはじまるのか。

〔一九八六年八月〕

三　真理の人間性

宇宙人という発想はなかなか興味深い。大宇宙のどこかには地球と似たような星があり、多分生物もすんでいるだろう。けれども、果たしてそこに人間が住んでいるだろうか。仮に高度な文明を築いている生物がいたとしても、それを人類と特定することはむつかしいのではなかろうか。どうしてそれが宇宙「人」なのか。

火星人の想像図を子どもの頃に何度か見た記憶がある。概してそれらには、地球上の蛸《たこ》みたいな形象が描かれていた。哺乳類であるかどうかも疑わしいような生物を「人」と呼ぶのはどういうわけかと不思議に感じたものである。

思うに、この場合の「人」は何らかの文明や文化の想像と結びついているのだろう。人間の想像力は、人類以外のものが文明や文化をもつことを許せないのではなかろうか。つまり、人類以外のものが文明をもつことを想像できないのであり、そこに人間の想像力や推理力の限界が示されているのではなかろうか。

「猿の惑星」という映画では、猿が文明を築いていたが、それは「鳥獣戯画」の場合と同様の擬人化に過ぎない。童話の中では森羅万象が擬人化されるけれども、そのような擬人化作業そのものが、人間の想像力の限界を端的に示しているともいえよう。つまり人間は、人間になぞらえる以外に、文明や文化を描くすべを知らないのであろう。

もともと、文明にせよ文化にせよ、自然の人間化のことにほかならないのだから、人間に帰属しない文明や文化を想像することができないのは当然ともいえる。仮に一時的に、人類を超える文明を空想して見ても、たちまちその空想が擬人化に過ぎないことがばれてしまうのである。このようにしてわれわれは、宇宙人を創造的に空想するに至ったのだろう。だが、一般に脱擬人化的認識と見なされている科学的推理は、この問題をどう扱うのだろうか。科学は宇宙人という命名を容認しうるのだろうか。

宇宙生物Xが築いた超高度な文明星があり、そこへ人類が移住して、Xと人との共存がはじまったと仮定する。宇宙生物Xの文明はあまりにも高度に発達しているから、そしてXと人間の体の構造は似ても似つかぬほどに異なっているから、この場合の共存生活は、例えていえば、地球上で猫や犬が人間に飼育されていたような関係になるかもしれない。

もともと超文明星への人類の移住そのものが、宇宙生物Xの操るUFOよって滅亡寸前の地球から人類が救出（又は採集）されたのだったかもしれない。こんな場合、果たして人類は飼猫や飼犬のように暮らしつづけられるだろうか。

犬や猫は、どんなに長く人間と同居していても、自分の力で人間の文化を人間同様に理解するには至らないだろう。だが超文明星へ移住した人類は、宇宙生物Xとその文明についての科学的研究を直ちに開始するとしか、今のところ考えようがない。マルクスの口吻《こうふん》を借りれば、全自然を人間的に再生産するのが人間だからである。

恐らくX文明に導かれて人知は飛躍的に発展するだろう。そしてまもなく、人類はX文明の尺度に合わせて生産し生活するようになる。X文明は人間生活にくみこまれ、人間らしくあることの条件になってしまう。X文明のこのような人間化は、人類自体の本性によって必然となるのであって、宇宙生物Xがこの過程に対してどんな態度をとるかには、全くかかわりがないのではなかろうか。人間中心の想像をそのまま延長すれば、そんなことになる。

もちろん、こんな子供じみた空想は科学とは何のかかわりもないだろう。無益な空想はこの辺できり上げるとしても、客観的真理が、果たして人間的形式を脱しうるかどうかということは、科学にとっても十分考察に価する問題なのではなかろうか。

客観的真理は、人間の認識内容でありながら、もはや主観ではない。共同主観でも共通主観でもない、とされている。けれども、それが諸個人に理解され、諸個人の認識に与えられるのは、やはり人間的形式をもっているからである。それは、依然として、人間の動物的生理に全的に依存しているのである。理解するということは、どんな場合でも、他の物の運動を自分自身の運動に転化することにほかならない、と私は考える。

従って、実証された真理の客観的妥当性は、認識過程で認識自身が認識を捨象する形で人間に与えられる、と私は説明してきた。このことを逆方向から表現すれば、客観的真理は、どこまでいっても人間的形式をもつということになりはしまいか。真理の無限の発展を承認することは、とりもなおさず、真理の表現形式が常に人間的に局限されていることを意味するのではないだろうか。

だがそれは、客観的真理が人間に対して人間的表現形式を保ちつづけるということなのであって、つまりいいかえれば、どんな生物の発見した真理でも、人間的形式に翻訳できるという意味であろう。宇宙生物X、Y、Zなどが、どんな高度な真理を手にしていようとも、その内容はすべて人間的形式に翻訳できる。人知の発達に際限がないということには、そういう意味が含まれているにちがいない。

真理はそれが客観的真理である限り、それをつかんだどんな生物に対しても同じ内容を提供するであろう。だが、人間よりも知能に優れ、より進化した思惟機能をもつ生物と、人間がどのようにして真理を共有するかについては、その場になって見ないとよくはわからないといった方がよいだろう。

第一に、人間よりも知能が優れているということは一体どういう状態なのか。そのことが人間にとっては一番想像しにくいのではなかろうか。まだわからないことをわからないままに想像することだから。宇宙生物Xの肉体構造は人間と全く異なっているから、頭脳ではなくもっと別な部分で思考するかも知れない。より進化した思惟機能という意味もはっきりしない。

生物としての共通性や、意識という反映機能の共通性や、意識という仮象構造の発展形式が自然法則に強制されて基本的に共通しているだろうという推測がなりたつとしても、人間の頭脳よりも進化した思惟機能を設定することは、人間の頭脳が今後どのように進化するかと考えることとほとんど同じだからである。

ここには、進化とは何か、という一層ややこしい問題もからんでくるけれども、一般的にいって、人間より優れた能力をもつ生物がいないはずはない。現に地球上でもさまざまな動物が、個々の感覚の鋭敏さや、体力の強靭《きょうじん》さにおいて人類をはるかに凌駕《りょうが》しているのである。

それなのに人類が地球を制覇したのは、頭脳と手の発達を活用して、与えられた肉体的能力を超える能力を際限なくとり込む方法を見出したからであった。従って頭脳の思惟能力は人間生活にとって決定的意味をもつようにも思えるけれど、今やコンピューターその他による人工頭脳が開発されている状態を考えると、頭脳をも含めて天与の肉体的素質が生活上で果たす役割の比重は、ますます軽くなっているともいえる。天与の能力を超える超自然性にこそ人間の本質がうかがえるのである。

このことは、宇宙生物X、Y、Zなどとの共存生活の上でもかなり重要な意味をもつのではなかろうか。彼等と人類の知能の落差がもたらす共存生活上の不都合を、恐らくかなりの程度に緩和する事情となるであろう。彼らもまた天与の素質を超えた超自然的文明生物であるはずだから、なおのことそうである。

だから科学的真理の共有については、ほとんどたいした問題は起こらないと見てよいのではなかろうか。

一般に事実認識に対しては、科学的真理以上の内容があるわけではなかろう。どんな優れた知能の持主も、客観的な真理以上のものを認識するわけではない。どんなに深い真理でも真理の範囲からはみ出すわけではない。そして、真理がいつかは万人のものとなる人類史の先例を考えるならば、文明的生物における知能の差というものは、真理に到達するのが早いか遅いかぐらいの意味しかもたないのではあるまいか。

人間社会においても生来利発な人と愚かな人が別に不都合なく共存している。しばしば無能としかいいようのないような人が、大臣をつとめたり、大学教授になったりもしている。そのことを考えるならば、知的能力が先天的素質の制約を越えてしまった文明的生物の間においては、思考器官の機能的差異が仮にあったとしても、それほど大きな意味をもたず、むしろ後天的境遇や努力の方が決定的意味をもつように思われる。

生物の知力が先天性の枠を越えてしまった世界においては、真理の普遍化とともに、認識という活動の本来的な等質性が次第にはっきりと具体化してくるのではないだろうか。その世界に住む超自然的な生物の総体に対して、宇宙人という呼称が改めて与えられるようなことが、或いは起きるかもしれないが、それはいうまでもなく、人間という概念規定が全く変革されてしまうことを同時に意味しているだろう。

それとも、このような愚にもつかない妄想の先走りは、結局、人間の想像力が擬人化の枠組みを逃れきれないことの再確認に過ぎないのだろうか。

このような先走った妄想の経緯においても、一番問題なのは価値認識の領域である。没価値的な科学的真理の内容とは異なって、価値意識はどこまでいっても、主体の欲求から離れきることはありえないからである。人間中心の価値判断と、X中心、或いはY中心、などの価値判断の折合いはそう簡単につくとは考えられない。恐らく共存の可能性の根底をゆるがすような葛藤も避けられないであろう。共存が実現するためには、何らかの程度に、何らかの意味合いにおいて、人間中心の価値観やX中心の価値観などが変革され、乗り超えられねばならないであろう。そしてそれは、価値とは何か、が宇宙的規模で明らかになって行く過程といえるかもしれない。

宇宙的規模で価値観が統一され、価値とは何かが明らかになるにつれて、はじめて真の意味で宇宙人が出現するのではなかろうか。

価値とは何か、もやはり認識対象であるから、それが明らかにならないうちは、全体として客観的真理の姿もまだ朦朧《もうろう》の域にとどまっているといわねばならない。それは真理論が何度でも立ち戻らねばならぬ宿題である。今はただ宇宙人という発想にちなんだメモを誌《しる》すにとどめておく。

先走った妄想をさておいて、地上に目を向ければ、価値観の多様化などということがしきりにいわれている。価値観の多様化なのか価値の多様化なのか、流行意見には論旨の不明瞭な向きもあるけれども、私自身は、むしろ現在価値観の巨大な統一が急速なテンポで地球上に進行しつつあるように感じている。それがこの妄想に似たメモを誌す所以《ゆえん》でもある。

四　模擬と反復

二十年以上も前になるが、デンマークのフューン島に滞在の折、垣根の破れ目から教会の裏庭に這入《はい》りこんで写生したことがある。そのあたりの農村でよく見かける、階段状のぎざぎざを上縁にもつ白壁の、小さな教会であった。背景の林にはマロニエの花が満開であり、イーゼルを立てた足許に、ひろがる花壇のように見えたのは、よく見ると墓地であった。さまざまな墓石の間に花が植えてあったり、花束が供えてあったりで、しっとりと華やいだ景色であった。森閑としていて、私が絵を描いている間中、人っ子一人見かけなかったけれども、墓に供えられた花束は、どれもこれもまだ鮮やかに生きていて、墓地の全体が息づいているのを感じさせた。

「ああ、キアケゴーですね。」とその晩私の絵を見た或る人がいって微笑んだ。その人によると、デンマーク語の「キアケ」(kirke)はドイツ語のキルヒェ、つまり教会のことである。「ゴー」(gaard)はドイツ語のホフと同じで場所を意味している。ドイツ語のバーンホフ(停車場)はデンマーク語で「バーネゴー」(banegaard)なのだ。デンマーク語の綴りには発音されない文字が大変多い。ドイツ読みのアンデルセン(Andersen)はデンマークでは「アナセン」である。オーデンセにあるアンデルセンの家を写生していた時には、子供たちが「ホー・セー・アナセンス・フス」(H・C・アンデルセンの家だ)と口々に呼びながら寄って来た。

というわけで、キアケゴーは、教会のある場所、教会の庭、つまり墓場のことなのであり、これを外国読みにすれば御存知「キルケゴール」(Kierkegaard)になるのであった。

自分のペンネームに「墓場」とつけるとは、と咄嗟《とっさ》に感じたが、何とそれが本名らしい。この偽名じみた本名と、この哲学者の偽名好みとの間に何か関係があるのだろうか。私はキルケゴールの哲学を全然知らないのに、彼に対しまず何となく暗いイメージをもったのだが、やがてまた、そういう私自身が墓場をモチーフに絵を描いたことの矛盾にも気づかないわけにはいかなかった。デンマーク農村の実在の「キルケゴール」は私に明るい印象しか残していないのであった。

彼が墓場を選び、私も墓場を選んだとしても、それはただ偶然の一致であって、(しかも彼は選んだのではなく強制されたのだった。)二つの選択には何のかかわりもなかろう。しかし、後になって、偶然の一致というものにも見えない必然の糸がからんでいるかもしれぬ、とあらためて思うようなことが起きた。もともと偶然が必然の他面であり、その一形式に過ぎぬとすれば、これは別に驚くほどのことではない。だが、書店の棚でキルケゴール著『反復』という文庫本を見つけた時は、私はほんとに驚いた。その時私は反復ということについて考えている最中だったからだ。ここでもまた、彼の選択と私の選択が一致した。しかもその偶然の一致が、まさに「反復」というテーマにおいて反復されたのであった。

反復について考えている最中といっても、私はその頃「反映」について感想を書いていたので、反映との関連で、反映という屈折運動が不可避的に含まねばならぬであろう「反覆」や「反復」のことが浮かびあがっていたのであって、私の関心の集中点はむしろ反映であった。キルケゴールの反復論の動機は恐らく全く別のところにあるだろうと思ったが、何かの参考にと早速その文庫本を買ったのだった。

案の定、キルケゴールの反復論は私の思いもよらぬ奇妙な恋愛論の方向に発展し、やがてキリスト教的教義学へと昇華してゆく風情であった。だから異教徒の俗人に過ぎぬ私は退屈して巻を措いてしまった。

しかし、全く異なった発想からとはいえ、やはりこれは一つの反復現象だろう。異なった人により異なった時代に、反復論は反復されたのだ。反復はある個体として繰り返されるだけではない。個人Aにとってはたった一度の体験でしかなく、また個人Bにとってもたった一度の体験でしかない場合でも、その個別体験が人類にとっては反復運動だというようなことが生ずるのである。これはいって見れば、ごくあたりまえのことで、生も死も個人にとっては一度しかない体験だけれども、人類全体の立場からいえば、個人の生死はほとんど無数の反復運動なのである。反復という概念の不思議なひろがりに私はあらためて気付かされたのであった。

物事の普遍性は、その物事の反復によって実現されるといってもよいだろう。キルケゴールの反復論と私の反復論が、一見全く異なった内容をもつとしても、反復論である点では変わりがない。というよりも、反復論はこのようにして歴史的に集大成されていくものなのだろう。そう感じなおして、措いた巻の頁を再びめくると、キルケゴールの本にも私の共感をそそるような言葉がたくさんちりばめられているのであった。

キルケゴールは「反復は発見されなくてはならぬ新しい範疇《はんちゅう》である。」という〔岩波文庫『反復』四四頁〕。また、「反復は一つの宗教的な範疇であり、どこまでもそうである。」などともいう〔同前二二三頁〕。反復が贖罪《しょくざい》や、キリストの復活に通ずるような宗教的意味合いは、私にはよくはわからないけれども、反復を「超越」として把える考えは、私にも何となく共感できるのである。もちろん、「異教徒的」な勝手な解釈においての共感に過ぎないけれども。

キルケゴールは、同じことの単なる繰り返しとしての反復は存在しえない、という認識を基礎として、超越運動としての反復概念を導き出しているように私には読める。彼によれば、エレア派とヘラクレイトスとを、つまり「存在」と「生成」を結び付けるのが反復であり、更にいいかえれば、反復とは、「可能性から現実性への移行」のことにほかならないのであろう。「人生は反復である、といわれるとき、それは、現に存在したことのある現存在が今や現存在となる、ということを意味する。」とキルケゴールは書く（同前四五頁）。「存在したことのある現存在」とは、今は存在しない「現存在」のことであろう。その存在しない「現存在」が再び生成し実現するという意味であろう。何か言葉の遊びのような気もしないではないが、現実の弁証法的発展のイメージに反訳すれば、われわれ異教徒的俗人にも納得できるような気がするのである。つまり、必然から自由への飛躍の問題がここに投影しているのではなかろうか。

ことに、キルケゴールが反復と追憶（又は想起）を統一的にとらえている点が、私には面白く感じられる。「反復と追憶とは同一の運動である、ただ方向が反対だというだけの違いである。つまり、追憶されるものはかつてあったものであり、それが後方に向かって反復されるのだが、それとは反対に、ほんとうの反復は前方に向かって追憶されるのである。」と彼は書き、「だから反復は、それができるなら、ひとを幸福にするが、追憶はひとを不幸にする。」と主

張する。〔同前八頁〕

追憶の中にしか幸福を見出さない人は、その時その幸福を失ったことを認めているわけだから、前方に反復される幸福のみが現実的幸福だというのは、たしかにそのとおりだろう。追憶と反復の関係を「勝手読み」すれば、認識と実践の相互作用に通じてくる。「前方に向かう追憶」が即ち実在的な反復だといういい方は、人生における意識的実践の決定的役割を重視する唯物論者の共感をも、何ほどかは呼ぶことができるのではないか。

私はここで、「人間生活の諸形態の考察、したがってまたその科学的分析は、一般に、現実の発展とは反対の道をたどるものである。それは、あとから始まるのであり、したがって発展過程の既成の諸結果から始まるのである。」という『資本論』の一節を思い出す〔マルクス・エンゲルス全集第二三巻第一分冊一〇一頁〕。私は以前拙著『反映と創造』の中で、この一節を引いて、認識一般の遡行《そこう》的性格、更に反映（仮象）一般の倒像性、にまで拡大して語ったことがある。キルケゴールが、「すべての認識は追憶である。」という「ギリシア的」考えを受けつぎつつ、追憶と反復を、互いに反対方向を辿《たど》る「同一の運動」として把えるのを読んで、再びその一節を想起しないわけにはいかなかった。

そんな風に我が身に引き寄せながらキルケゴールを読むと、彼が「発見された新しい範疇」としての反復概念によって、彼なりに自由を目指す具体的な実践の問題を提起しているのではないか、と思えてくる。

運動を否定するエレア派に反駁《はんばく》するために、黙って歩いて見せたというディオゲネスの話からはじまる反復論の冒頭部分も印象的であるが、続いて「ギリシア人は、あらゆる認識は追憶である、と教えたが、同じように新しい哲学は、全人生は反復である、と教えるだろう。」〔前出八頁〕と展開する叙述の中に、彼の反復概念にまつわる実践的雰囲気を私は感ずる。知識の問題よりも生き方の問題の方が大切だと聞こえてくる。「追憶は異教徒的な人生観であり、反復は現代的な人生観である。」〔同前四五頁〕と書き、想起（追憶）を本質とする第一哲学に対し、「超越ないし反復」を本質とする第二哲学を提唱しているあたりにも、われわれ俗人の言葉でいう「解釈の学」の克服に通じ合う感じがある。一見ストイックな行動の彼方に自由を展望する風情にも、どことなく大衆性めいたものを私は感ずる。ただその第二哲学が、はじめからいちじるしく反合理主義の色合いを帯びている点に違和感があるが。

恐らく、私のこのような勝手読みは学者達から、例によって、嘲笑されるだけだろう。何一つキルケゴールを理解していない、と。もちろん、その通りなのであって、私はキルケゴールの著作の全体から片言隻句《へんげんせっく》を切り離し、勝手に我が身に引き寄せているに過ぎないのである。

例えば「誤って媒介と呼ばれているものが、実は反復のことである……」〔同前四四頁〕というような反ヘーゲル的文句は、キルケゴールの思想を知る上では重要かもしれないが、私には当面あまり興味がない。だが、「近代的な『移行』の範疇に相応するギリシア的な運動の概念」〔同前四五頁〕というような言葉に遭遇すると、書きとめずには居られないような気になるのである。前後の脈絡をぬきにしても、言葉自体に興味が湧くのである。それは一つには、日本語では「移行」は「反映」と同じ意味「うつる」に集約されるからであり、それが更に古代ギリシアの運動概念「キネーシス」につなげられているところが面白く思えるのである。キネーシスは、キルケゴールによれば、飛躍の意味を含み、反復や生成をカバーする概念らしいのであるが、かつて雑誌「美術運動」誌上で山中宇佐夫が、芝田進午編著『芸術的労働の理論』（青木書店）を書評しつつ、そこにミメーシスがキネーシスと誤記されていると指摘したところの概念でもある。

実はこの項の標題「模擬と反復」もこれらの片言隻句に触発されたところが大いにある。場合によればそれは「ミメーシスとキネーシス」と書き換えられてもよいかもしれないのである。だが、そうすると、ひとの褌《ふんどし》で角力《すもう》をとるような印象がいかにも強くなってしまう。このテーマについて外から受けた刺戟の前置きはこの位できりあげて、自分自身の考えを語る段どりにしたい。

個々の言葉に勝手読みで共感したとしても、厳格な信仰者キルケゴールと俗人中の俗人である私の反復論は、もともとがとんでもなく異質である。信仰によってしか達成できないような「反復」など研究する気にもなれない私である。私の反復概念はきわめて通俗的なものである。スポーツの選手が毎日行う反復練習や、生徒が言葉を覚えるために行う発音の反復とか、われわれの日常生活の中にふんだんに含まれて居り、誰にでも通用する意味での反復が私の論議の出発点なのである。

一般に学習活動の実質は反復運動によって占められているといっても過言ではなかろう。もちろん反復は学習の中だけにあるのではない。学習しないこと、つまり怠惰の中にもある。惰性的に暮らすことは怠惰の反復であろう。この場合、怠惰の反復は怠惰を学習しているのだ、というい方もなり立つかも知れないが、意図的な学習と意志に反するような怠け癖とは区別する方が普通であろう。だからむしろ、反復によって行動に癖がつくことを意識的に逆用したのが学習活動である、といった方がいいかもしれない。いずれにせよ、人間生活にはふんだんに反復運動が含まれて居り、しかも意識的反復運動が含まれているのである。

だがそのわりには、反復という概念への注目は少ないのではないか。われわれは、反復現象にあまりにも馴れっこになっているため、特にとりあげるほどのこともないと見逃し、人間にとっての反復の意味をむしろ軽蔑する場合さえ多いのではないだろうか。「単なる繰り返しに過ぎない。」などと吐き捨てるように言ったりする。

だから私は、キルケゴールほどに反復を「新しい範疇」と考えるわけではないが、少なくとも「再発見されねばならぬ概念」のようには思うのである。そしてキルケゴールの反復論の冒頭にある「反復などということが可能であるかどうか、そしてそれはいかなる意味をもっているか、物事は反復されることによって得るところがあるものか、それとも何かを失うものか、……」〔前出七頁〕という問いに今も「勝手な」共感を禁じえないのである。

反復は可能か否か、という問いは恐らく最も根本的な問いであり、反復概念の基本構造にかかわるであろう。事実として反復現象が存在するからそれを指示する反復という言葉も生まれたのであろう。それにもかかわらず反復は可能かという問い直しを呼ぶようなところに、反復概念の特徴的な内容があるのではなかろうか。

反復はそれ自身で矛盾である。キルケゴールが「運動は可能か」という問いにからませ、運動そのものの根本矛盾にかかわらせて反復を解明しようとしたのは、その限りできわめて適切であった。反復は一方では同じことの繰り返しとして理解されている。だが繰り返しということそのものが、はじめの運動とは異なった内容を意味している。もしはじめと同じ運動状態が継続しているのなら、そこには繰り返しの痕跡はなにもない。反復はなかったというほかなかろう。

生活の実際において、全く同じことが反復されるなどということがありえないのをわれわれは知っている。日の出は毎日反復されるけれど、昨日の朝と今朝では必ず様子がちがっている。人間以外の自然の反復は暫《しばら》く措くとして、われわれに一番切実な意味をもつ人間生活における反復はなおのこと同一状態の持続ではありえない。

反復が同一状態の持続ではありえないからこそ、それを利用してさまざまな反復練習が行われるのである。反復は一つの異化活動である。下手なバッターも打撃練習を反復するうちに、次第に打率を上げてくる。

「反復は超越である」という言葉のリアリティーがここにある。反復は同じことの繰り返しでありながら、新しい現実の生成につながっている。反復は物質の運動が含んでいるかなり基本的な形式であり、事物の質の形成にかかわっているように思われる。

反復訓練を媒介にして、不可能が可能になり、感覚の質まで変わってきたりする。社会的生活行動の反復を通じて、人間はまるで生まれ変わったようになる。泳げない人は泳げる人になり、話せない人は話せる人になる。霊長類ヒト科動物は、社会的生活行動の学習を通じて人間に変質するのであり、人間性は反復によって創造されるのであろう。

「二度つくられる」のは女性だけではない。大げさにいえば、人間は何度でもつくり変えられるのであり、さまざまな反復運動によって合成的に形成された重層的存在が、人間という質なのであろう。

だが、反復そのものは量的に規定される運動である。一度しか起こらない運動は反復ではない。そしてどんなことでも二度以上繰り返されれば反復なのであって、繰り返される運動の質は問わないのである。いいかえれば、等質の運動のつみ重ねが反復なのであろう。

だから反復は、運動が量から質へ移行する局面に生ずる形式であり、あるいはまた、等質にまで昇りつめた運動が量に転化した結果の形式であるようにも思える。反復は飛躍を媒介しつつその逆をも表現するものではなかろうか。

人間が行う意識的反復訓練は、自然発生的な反復運動が高次に復活したものであり、いわば反復の自乗である。そこで反復そのものが必然から自由へ移行する。そんな段どりを設定すれば、ここではじめて真の意味での「追憶」もはじまるであろう。歴史を到達点からふり返るという認識の本質が実現する。つまり「反復」が再発見されることになり、「前方に向かっての追憶」としての反復論も書かれうるのではなかろうか。

こんな幼稚な図式の先ばしりに、たいした意味がないことは私も知っている。にもかかわらず、ついこんな図式を描きたくなる。それほどに反復の意味が私には大きく重く感じられるということだろう。現実の千変万化《せんぺんばんか》を貫く不思議な接着剤のようにさえ思えてくる。

もちろん、反復は運動と同一の概念ではないし、運動のすべてを覆うものでもない。運動の一種、または一形式、または一側面とでもいうべきものであろう。だが、すべての運動とは運動の反復のことにほかならないともいえるだろう。反復は運動のあらゆる局面にかかわりあい、いたるところに潜んでいるように思える。

私の素人考えによれば、物質の運動は、行ったり戻ったりできる空間的形式と、絶対に後戻りしない時間的形式と、二つの側面をもっている。反復概念には、いわばこの二つの側面をことさらにとり出して融合させたような趣がある。戻ると進むと、互いに逆方向な運動が反復という一つの過程に共存しているような感じも、そのあたりに関係しているのではなかろうか。多分、運動の原因となる矛盾そのものが反復をもひき起こすのであろう。反復は必ずしも反覆ではないけれども、もう一度はじめからやり直す意味をもっているとしたら、「戻り」を含まないわけにはいかないであろう。

とにかく、反復概念には、運動のエッセンスのようなものがとり出されているのではないか。私は、法則性と呼ばれていることと、反復と呼ばれていることとは、実は同じことではないのかと疑っている。

少なくとも、何事かが反復されるときには、その裏に法則性が働いている場合が多いとはいえるだろう。だからわれわれは、法則性の発現によって事物が反復されると考えたりする。けれども、ほんとはむしろ逆な関係が働いているのであって、事物の反復を通じて法則性が形成されるのではないだろうか。われわれの認識は歴史の発展を逆に辿っているわけだから、原因と結果があべこべに見えることがよくある。現実世界が絶対理念の模像に思えたりするのだ。

現実の事物が運動する以前に、その先々までを予定しているような、動き「かた」の仮象ともいうべき法則性の方が先に存在しているという仮定は、私のような俗人にはどうも変に思える。魯迅か誰かの言草のように、「人の歩いたあとが道になる」といういい方の方が納得がいく。道が先にあって、その上を人が歩くのではない、のと同じように、自然の運動の道筋もあらかじめ定まっていたわけではあるまいと思う。

反復の中に運動のエッセンスのようなものを感ずるのは、振動とか回転とか、また、波動とか、螺旋的回帰とか、規制的運動の典型のようなものには、すべて反復が潜んでいると思われるからでもある。私は拙著『反映と創造』の中で、反映という屈折運動の反復的性格についてかなりしつこく書いた。

一般的に反復論を展開しようとすれば、ちょっと手がつけられないくらいに関わる領域が広いように私には思える。そして、そもそも、反復とは何かという概念規定そのものが一筋縄ではいかない代物に思える。ディオゲネスの顰《ひそ》みにならって、キルケゴールが再度のベルリン行によって反復の存在を証明しようとしたのは、その存在証明が一筋縄でいかないことを悟ったからこそであった。

私は今、この文章の中で、ごく限られた範囲に限定しながら、人生にとっての反復の重要性について語りたいと思っているのである。全面的に反復論を展開するのではなく、反復と模擬の関係を問題にしたいのである。つまり、人類史の中で一切の精神文化の原点ともいえる模擬行動の発生は、自然成長的労働の反復を通じてのみ必然となった、という推論を語りたいのである。模擬が発生しなければ、虚構も生まれない。虚構が存在しないところには嘘も存在せず、従ってまた真理もまだ起原していない。そう考えれば、労働の反復における試行錯誤が真理の生みの親ということになる。

労働の反復から模擬労働への移行、キネーシスからミメーシスへの移行、そこに人間性の歴史的成立過程があると私はふんでいる。それは一方からいえば、人間的可能性が現実性に移行する過程であったが、他方からいえば動物的現実が可能性を拡大する過程であり、或いは、現実性（物質）から可能性（仮象、空想）への移行とも呼べるかもしれない。そして必然性の領域が拡大されて行く。この項は、もっと書きつづけられねばならない。

〔一九八七年三月〕

五　続・模擬と反復

一切の人類文化の出発点に模擬行動の発生があるということは、大方に承認されていると見てよいだろう。原始的な労働過程で、労働と労働の谷間に生ずる労働の模擬が、精神文化の原型であっただろうという推測に、殊更な異議を唱えた人はいないようだ。異論が生じて来るのは、むしろその模擬行動が何故生ずるかという点に関している。この点については実にさまざまな意見が述べられて来たし、現に述べられてもいて、未だに定説がないといってもよい。従って、私の素人的芸術論も従来この点に一つの重要なポイントを置いて論じて来たわけである。

すべての説に触れるというわけにはいかなかったけれども、私は主として、「美的本能説」「遊戯本能説」「呪術（又は宗教）起源説」を批判の俎上《そじょう》に乗せ、それらに対置して労働自体の含む矛盾から必然的に労働の模擬が派生すると見なす「労働起源説」を主張として来たのであった。そして呪術起源説と労働起源説を折衷する試みにも反対して来たのであった。

今真理の起源の前提という角度から労働模擬を把えなおすにあたって、同じ議論をむしかえすつもりはない。だが、労働過程から労働模擬が派生する必然において、労働の反復の役割をとり出して強調する意味を説明するためには、どうしても従来述べ続けて来たことと重複する部分がでてくるのはやむをえない。それは、私が反復の役割を強調する最も大きな理由が、模擬の発生を意識から説明しようとする一切の傾向に反論するためだからである。労働の無意識的反復を起点にすることによって、模擬の労働起源説ははじめてその点睛を得ると私は考えるのである。

本源的美意識や呪術意識に基いて模擬が生まれたとする説は、歴史を逆さに見ていることに無自覚なため、原因と結果をとりちがえているだけのことだと私は思う。美意識や呪術意識は模擬行動の発達の結果生じたのであり、そう考えればその内容も容易に説明がつくが、また模擬行動そのものをも確立していない猿同然のヒトが、既に美意識や呪術意識をもっていたと考えるのは、歴史をますます不可解に導くに過ぎない。

まずはじめに意識があったのではない。物質的過程としての行動がはじめにあり、その発達の結果意識という内部仮象が生ずるに至ったのであろう。物質的運動過程としての行動と、その反射（反映）としての意識と、どちらが歴史の基礎かという問題がまず議論の第一の岐《わか》れ目である。

しかし勿論、この基礎問題に機械的にこだわって、意識の側からする行動への反作用を認めないとしたら、これもまた歴史の偽造に荷担することになるだろう。模擬行動が社会的慣習として確立する頃には、既に意識もそれにふさわしく形成されていたからこそ、後年の学者が、意識と行動のどちらが原因か思いまどうようなことにもなったのであろう。だから私は、模擬行動が祭式的パターンへと錬成されてゆく過程に、形成されつつある美意識や、呪術的意識の反作用が能動的役割を何ら果たさなかったと主張するわけではない。ただ、美意識や呪術欲求を原因として模擬行動が発生するという意見に反対するだけなのであり、模擬の発生を必然とするような原因は、物質的過程としての労働形態そのものの中に求められねばなるまいと考えるに過ぎないのである。

ここで、模擬行動の本質を「情緒表現」と見なすハリソン意見に特に検討を加えて置くことも必要であろう。彼女の意見は、模擬行動を現実の「模倣」または模写と見做《みな》す説に反対し、願望や情緒の「表現」という規定をそれに対置する点では、在り来たりの表現主義的意見と同じであるが、一方で、客観的に観察すれば、模擬行動は徹頭徹尾物質的生産活動の模写になっていることを繰り返し強調している点に特徴がある。彼女が模倣説や模写説に反対するほとんど唯一の理由は、原始的模擬行動が含んでいる生産活動の模写が模倣意図や模写意図に発するものではなかったという点にある。つまり、客観的には労働過程のもの真似になっているが、意識的な物真似ではなかった、真似しようなどという意図が生ずるはずもなかった、というようなことらしいのである。

彼女は、「ミメシスという言葉は『模倣』と訳されるが、これははなはだ不適当である。ミメシスとは、ミメと呼ばれる人の行動ないし行為のことである。そしてミメとは、要するに衣装をつけてパントマイムや原始的な劇を演ずる人のことであった。」（ハリソン著『古代芸術と祭式』（中央公論社『世界の名著・続15』一九六―七頁））と書く。

つまり、俳優（アクター）が、模倣する人ではなく、行動（アクト）する人であるのと同じように、ミメは仮装した行動者なのであり、「真似するのではない」と、彼女は強調しているのである。

祭式におけるミメーシスは古代ギリシア人によって「ドローメノン」と呼ばれ、そこから「ドラマ」が派生するわけだが、ドローメノンとは「なされたこと」という意味だった、ともいう。又、彼女はメキシコのタラフマレ族が、**nolávoa** という言葉を「働く」という意味と「踊る」という意味の両方に使っていることも援用している。これらの論及を通じて、原始的な物真似踊りが狩猟過程の動作を再現していたとしても、その「狙いは実際の戦闘そのものの真似ではなく、戦闘に関して抱いた感情にあることが分かる。人びとはこの感情をもう一度生きたいと望むのだ。」と主張するのである。（傍点はハリソン（同前一八四、一八七、一九五頁））

しかし、これらの論述で「情緒表現」という目的意識がはっきり証明されたとはいいがたい。行動はすべて何らかの内的衝動を前提としているという意味でなら、ミメーシスがそれ相応の情動に基くとはいえるであろうが、意識的「情緒表現」とは、外部からそれを表現として享受する者への伝達効果に限定された行動を指すのが普通であろう。もしそうでなければ、あらゆる行動を情緒表現と規定せねばならぬようなことになってしまう。

ハリソン自身が他の個所で述べているように、祭式におけるドローメノンは、未だ鑑賞に供するためのものではなかったのであり、実用的労働過程の延長上の行動であり、まだ実用的労働からはっきりとは分離されていなかった点にこそ特徴があったのである。つまり、労働過程での動作の隋性的反復の域をぬけきってはいなかったのである。

ハリソンは、恐らく、ミメーシスが狩猟労働の自然な延長として生じたことをいいたかったのではなかろうか。（この点、呪術起源説を現代人の功利主義の所産と批判して、美的本能説を採用したグローセ〔『芸術の始源』〕と一脈通ずる所も感じられる。）「働く」と「踊る」が一語によって表されているような例は、恐らく世界中のいたるところで発見されるにちがいない。今流行のパフォーマンスという言葉も「実行」であると共に「演技」でもある。ここにもドローメノンからドラマへの移行が匂っている。日本語でも、祭式は行事であり、仕事、仕業、振舞、所作、などと何とはなしにつながっている。

ドローメノン（なされたこと）はつまりは行事であり仕事であろう。行事というと、文字通りでは「事を行う」意味だが、集団的な行動が定期的に反復される様子が連想される。仕事も「ことをする」のだから行事と同じようなものだが、行動の実利的な内容を指す方向に傾いている。仕業は、文字通りでは、行為の技術的過程の指示のようだが、作業の結果から作業主体を詮索するようなニュアンスで使われる場合が多い。振舞や所作では、仕事の内容から離れて行為の形そのものに関心が移行している。辞書を引けば所作という言葉は、「仕事」をも「踊り」をも意味している。このように、日本語においても、人間の仕事がさまざまな局面へと分化してきた様子が窺《うかが》える。

ミメーシスが狩猟労働の欠かせぬ一部として特殊化されはじめた頃に、その言葉が、模倣という意味をもっていなかったとしても、それは情緒表現という意味をも同様に持たなかったということに過ぎないだろう。

このあたりの論述において、ハリソンが模倣と模擬を区別する着意を全く示していないことも指摘しておきたい。もちろん、模倣も模擬も「真似」であるから、殊更に区別しなかったからといって誤りというわけではない。北条元一氏がかつて指摘した通り、これらを区別しない論者の方が、むしろ一般的なのである。しかし、「真似して喰べる」のと「喰べる真似をする」のとでは、真似は真似でもはっきりと内容が異なっている。前者は模倣、後者は模擬と、北条説のように峻別する方がわかり易い。この区別は、行為者の意図による主観的区別ではなく、実利的な実践とその虚構との、内容による客観的区別なのである。友人がラーメンを喰べるのを見て自分もラーメンを喰べる模倣者は、実際に胃袋をラーメンで満たす実践者であるけれども、舞台上でラーメンを喰べる所作だけを真似る模擬行動者は、虚構の食事を描いているに過ぎないのである。胃袋は空のままに保たれている。

ミメーシスは、模倣的な狩猟行動ではなく、狩猟の虚構であり、模擬行動なのである。これは模倣（又は模写）意識のあるなしに関わりのない、客観的な事実である。

真似が、模倣と模擬に分化することは、真理の起源に直接関わる問題でもある。それは、人間が身をもってする虚実の区別のはじまりにほかならないであろうから。

模擬こそ虚構の起源であり、虚構と現実を区別する態度と混同する態度のちがいもまたここからはじまったのであろう。そして、実践における虚構の構築は空想のはじまりである。フォイエルバッハは、詩も宗教も空想の所産であるとし、「私が宗教を廃棄するのは、宗教が詩でなく、卑俗な散文であるかぎりにおいてだけである。」と書いた（『宗教の本質かんする講義』第二十講。レーニン『哲学ノート』、全集第三八巻五〇頁）。芸術は空想性の自認の上になり立っており、「その制作物が現実とみとめられることを要求しない。」のに対して、宗教は空想と現実を混同している、というわけである。ハリソンもまた、ドローメノンへの対し方のちがいから、宗教と芸術が分岐すると見ている。いずれにしろ、虚構の意識が一切の真実の出発点になるのであろう。虚構を虚構として認めること、そこが真理の起点であろう。

もちろん、真偽の分化を芸術と宗教の分岐によって代表させるわけにはいかない。ミメーシスは芸術と宗教を派生させただけではない。それは、科学や、技術や、遊戯や、体操や、その他もろもろの、今日一般的に文化と呼ばれているすべての領域の源流でもあったであろう。渾《こん》然《ぜん》とした未分化な文化の総体がそこに形成されつつあったと見るべきであろう。文化の諸領域が今日のようにはっきりした独自性を示すのは、ごく新しい出来ごとであった。

例えば、芸術という言葉は明治初年までは今日よりもはるかに広い外延を表現していた。医術や武術も芸術に含まれていた。明治十一年発行の「芸術叢誌」という週刊誌の論評を森口多里著『美術五十年史』から孫引させてもらうと次の如くである。「古今世上の芸たり術たる何ぞ其れ広旦大なるや夫文章詩歌連俳書畫音律雑楽炷香淪茶圍棋挿花講談舞踏演劇等の類悉く芸字中に網羅せざるはなく築造制作種樹舎密牧畜航海貿易等の事皆術字中に包括せざるはなし見るべし芸術の版図果して狭且小ならざるを」云々。（舎密はセイミ（chemie）と読み化学のこと）

これは単に言葉の問題ではなく、芸術という領域が事実として確立していなかったのだと私は考える。日本の創造者たちは、いわゆる「アルチザンからアルチストへ」の道をまだゆっくりと歩いていたのだろう。いわばこの空隙を埋めるような具合に、ファイン・アートの訳語として美術が造語されたが、この概念の内包も、今とはちがっている。例えば『小説神髄』（坪内逍遙）が「小説の美術たる由を……」ではじまっているのを一瞥しただけでも、それは明らかである。

これは日本だけの問題ではなく、西洋のアートやクンストの歴史にしても、ほぼ同様の変遷を辿っているのである。古代ギリシアのテクネ（tekhne）もしばしば「芸術」と現代訳されたりするが、意味は今の芸術よりも広かった。その守護神であるミューズは九人いたとされている。つまり、史学、音楽、舞踊、悲劇、喜劇、叙情詩、叙事詩、雄弁術、天文、の九分野を担当していたのである。

又、古代中国で六芸《りくげい》と概括されていたのは、礼、楽、射、御、書、数、であった。弓術や馬術や数学も芸術だったわけである。これらの過去をざっとふりかえって、今の感覚がまず気付くことは、科学と芸術がごっちゃにされているという印象である。いいかえれば、科学の知性に対する芸術の感性というような対照構図がつくり上げられたのは、ごくごく最近のことだということである。

科学が発達すると芸術が衰えるという説は、実際の歴史を無視した観念論的な憶測に過ぎない。自然科学が発達した近代においてこそ、芸術の本質も典型的に展開されたのだった。文化の諸分野は、歴史の中でぽつりぽつりと一分野ずつ独立していったようにも見えるけれども、諸分野の独自な本質は、徹底的な分業社会である資本主義的近代において、あらためて再構成的に展開されたのだと思う。諸ジャンルは多角的な相互関係の中で、相互に規制し合うことを通じて、それぞれの特質を磨き出したというべきであろう。

原始芸術というような呼び方を誤りときめつけることはできないにしても、今日の芸術概念とは余程ちがった内容をそこに想定しなければならない。ドローメノンからドラマへの移行が起きる古代においても、芸術の独自な本質の展開は決して充分ではなかったであろう。ドローメノンに対する見物人の発生にドラマへの移行の契機を見るハリソンの推論は、円形劇場の成立過程の調査に裏打ちされて実に見事であるが、そこではまだ、いわば芸術の誕生が語られているに過ぎない。社会の階級分裂に連動した精神労働と肉体労働の分業化が、「芸術生産としての芸術生産」（マルクス〔『経済学批判への序説』、全集第一三巻六三七頁〕）の開始をもたらしたにはちがいないけれども、芸術と他のもろもろの文化領域との対照関係はまだそれほど発展してはいなかったであろう。

恐らく宗教との分離もまだかなり曖昧なものであっただろう。それは、芸術の自立以上に宗教の自立がはっきりしないことにも依存している。芸術とは何か、という概念規定がいまだに定まらず、芸術論上の論争が続いているのは周知のことだが、宗教とは何か、という概念規定はそれ以上に曖昧である。人間の行動や創造物が鑑賞に供せられる時芸術に転化するというハリソン意見は、まだ反対者をもってはいるが、芸術現象を歴史の産物として発展的に観察する仮説としてわれわれをひきつけている。しかし宗教は何時何処《いつどこ》でどんな契機で発生したのか、そのことについて語った文章を私はまだ一つも読んでいない。ハリソン仮説においても、祭式のドローメノンが芸術に転化する契機ははっきりしているが、宗教に転化する契機は語られていない。何故、どんなきっかけで、ということをぬきにして、ただ宗教に転化するだけなのである。

蔵原惟人の『宗教・その起原と役割』〔新日本新書〕を私は私の芸術論への有力な援軍として

読んだ。ミメーシスに対する呪術起原説へのはっきりした否定の日本におけるほとんど唯一のもの（私の『芸術論ノート』其の他を除けば）と思えたからである。北条元一も戸坂潤も、模擬の前提にマジカルな意識を置いている。蔵原は、宗教を「超自然的なものへの人間の信仰と、それと直接結びついた思想、感情、行為の総体である」と定義し、歴史以前の原始的信仰をも宗教に含めている（同前八頁）。しかし、初期の呪術意識やアニミズムやトーテミズムなどは、そこから宗教が萌芽したとしても、まだ宗教そのものとはいえない、としている。宗教の萌芽が徐々に宗教に形成されるのは、後期旧石器時代以後と推定し、芸術や科学など他の文化諸形態と未分化な一体をなした原始的文化の長い発展の後に、「そのなかから、それらのものが、徐々に萌芽的に分化していったと考えなければなりません。」と書き、「したがって、この時期には宗教も、どこまでが宗教で、どこからが宗教でなく他のものであるかということを詮索するなどということは、あまり意味のないこととなってしまいます。」とも書いている（同前二〇頁）。

私は『芸術論ノート』以来、芸術の前史を起原と成立にわけて述べてきたが、蔵原も宗教をその萌芽と形成にわけて考えているようである。更に蔵原意見で注目すべき点は、宗教の本質の形成が、萌芽した宗教的要素自体の単独の発展の結果ではなく、他の文化的諸領域との分離を通じて、互いの自立過程の相互作用に規制されて実現する、と考えられているらしいことである。「多少とも独自な分野としての宗教は、他のイデオロギーの分野と同じ時期に、それらと相前後して発生したものであろうというのが、私の見解です。」と蔵原は述べている〔同前二九頁〕。

文化的上部構造のこのような分化は、恐らく上部構造の全体が、社会の土台となる物質的生産活動から徐々に分離して行く過程と同時進行的に進んだであろう。土台からの分離のし方における分化というような姿をとってもいたかもしれない。そしてそのことは又、土台における分業の進行と無関係ではありえなかったであろう。

蔵原は、宗教形成の時期を、大まかに文明の入口あたりに推定し、原始共産主義的な遺制を守ろうとする立場から、新しい階級制度の非民主性への反抗運動として起きたのではないか、というユニークな仮説をも提出している。しかし、「超自然的なものへの信仰」という宗教の本質が、何時どこでどのように「飛躍」的に形成されたかについては、慎重に言及を避けている。

もともと超自然という観念そのものが、甚だ規定しにくい厄介な性質をもっている。超自然的なものを信仰している人は、それを超自然と意識していない場合の方がむしろ多いからである。幽霊が実在するとしたら、それは自然現象に過ぎないわけである。

超自然という観念は、自然という観念の確立を前提としてはじめて可能になるはずであり、自然認識の曖昧なところでは理解しにくいわけである。日本ではネイチャーの訳語として自然の語があてられるまでは、今日のような自然概念は通用していなかったといわれるが、人間にとっての対象世界全体を指示する概念が全然なかったわけでもない。天地とか万物とかの言葉が、今日の自然に近い意味で通用していたのだろう。西欧の場合にもこの概念の移り変わりはさまざまな経路を辿ったことであろう。ごく常識的にいえば、人間は自己をも含めた対象世界に、実践的にかかわる範囲と度合いにおいて、それを理解し、自然観を育てて来たのであろう。だから、超自然という観念は、自然科学の発達によって築かれた強固な自然観を基準にして、はじめて意味を持ちうるような矛盾した性格を担っている、ともいえよう。つまり、「超自然への信仰」という言葉は、本来そのような信仰を持たなくなった者の側から使われる言葉なのである。

しかし、宇宙が何時発生したのか、又、それが発生しない前はどうなっていたのか、などはしばらくおくとして、自然がたえず変化し、進化し、発展して来たことが事実であるとすれば、自然はたえず自己自身を乗り越えることによって存在してきたともいえるわけである。そうすると超自然という概念は、自然それ自体の中に合理的に還元されることになる。超自然もまた自然現象なのである。

自然の超自然性を最も典型的に体現した存在が人類であろう。自然に基きながら、与えられた自然状態を超越しているのが、文化的存在としての人間である。そう考えると、超自然という観念は、自己内に投影した人間自身の姿であるということになる。超自然とはつまり自由のことなのではなかろうか。

理解するということは、他の物の運動を自分自身の運動に転化すること、といってよいのではないか。最も単純な知覚においても、外的対象の運動が刺激として感覚器官に伝わり、主体自身の神経系の運動に転化することに基いている。だから、自分の運動になぞらえること、擬人化、が対象世界を理解する上での最初の有力な手段になる。自然の擬人化も超自然的イメージの形成の有力な一因となるであろう。

予定のことを書けないうちに時間切れになってしまった。あちこち寄り道して中途半端だけれど、次回に本筋へ戻ることにする。

〔一九八九年七月〕

六　模倣と模擬

要するに、模倣や模擬の発生の前提には自然の反復運動がある、ということを私はいいたいのである。反復運動それ自体の中に既に模倣や模擬の萌芽がある、といってもよかろう。厳密に同じ運動の繰り返しはありえないのだろうから、反復は先行する運動のコピーの性格をもともと含んでいるわけである。

しかし、もちろん反復は意図的な模倣ではないから、ただ結果として模倣と同様の性格をもつということに過ぎない。反復はいわば自身への結果的な模倣である。ハリソンが芸術の模倣説を否定するに際して模倣意図の有無を論拠にしたのを、私が批判したのは、ミメーシス発生の前提として、労働の自然成長的反復を念頭においていたからにほかならない。模倣という言葉は、もともと人間の意図的な真似を指したものであろうから、ある動作が模倣か否かを弁別するのに、模倣意図の有無を基準にするのは、ごく自然なことである。私はそのことにことさら反対したわけではない。ただ模倣意識は、事実上の模倣行動の発生を前提として居り、その追認としてのみ可能になるのだろうと思うのである。そして事実としての模倣が何故生ずるのかが肝心の問題であり、無自覚的な模倣の成立こそが、実は模倣の真のきめ手なのだと私は思う。

今日われわれの身辺に日常的に見られる模倣行動も、本人は模倣だと思っていない場合の方がむしろ多いのである。

近頃の芸術界での「個性」や「独創」の流行の場合は殊にそういえる。世間では、突飛な真似をする連中が増えた、などと感じているのに、当の芸術家自身は純粋な独創と信じこんでいる、というような具合である。

ここには模倣という概念の歴史的変遷の問題もからんでくるから、あまり性急に模倣とは何かは断定できないと思う。反復とは何かと同じように模倣とは何かも厄介である。

しかし、模倣意図から模倣がはじまったのでないことはたしかだと私は思う。模倣は何よりもまず客観的事実としてはじまり、その後に特殊的に概念化されたのであろう。

ハリソンが、プラトンが芸術模倣説をとったのは、当時彼が芸術の原型と思えるような原始的ミメーシスの名残りを都市近郊でいくらでも見ることが出来たからだ、といっているのは炯《けい》眼《がん》であるが、同じことを裏返していえば、近代の論者が概して模倣説に背を向けるのは分業社会で芸術と実用的生産活動とがあまりにもかけはなれてしまったからだといえるだろう。芸術は実生活のミメーシスとは無関係な純粋な創造としか思えなくなったからなのだろう。現代では模倣や模擬が、あまりにも媒介的に発達したために、もはやそれ自身ではないような外観を呈しているのである。

労働の反復が、自動的に以前の労働の模倣に転化するであろうことは、特別の観念の介在を前提にしなくても、なだらかに理解できるのではなかろうか。そして、この反復から模倣への転化過程で、模倣意識が次第に成長するのであろう。意識的模倣も発生する。

ここで問題なのは、模倣から模擬の分化がどのようにして起きるか、ということである。文化の原点と見なされるミメーシスは、実はもはや模倣ではなく、模擬だと思われるからである。私は、模倣から模擬への移行も呪術や宗教意識のような特別の観念を介在させることなしに、労働の反復的発展に沿って、むしろなだらかに行われただろうと考えている。

そのことは、今もなお、模倣と模擬がしばしば混同され、はっきり区別しない人の方がむしろ多いくらいな事実によって、逆説的に傍証されている、といってもよいだろう。模倣も模擬も要するに「まね」であり、たいしたちがいはないと人々は考えているのであろう。模倣から模擬への移行は人々が気付かぬほどになだらかだったのではなかろうか。

したがって、模倣と模擬のちがいを明らかにすることが、まず重要であり、そのこと自身が模倣から模擬への移行の解明にもつながるはずであろう。従来芸術論上で模倣説とか模倣とかの言葉が使われているのは、模倣と模擬を区別しない立場に基いていると私は考えている。

試みに広辞苑を引くと、「模擬」は「他のものにまねること。真似。」とある。「まねる」を引くと「↓まぬ」。「まぬ〔真似〕」は「他に似せてする。まねをする。似す。」

また「まね」を引くと、「①まねること。模倣。②こと。動作。しぐさ。」となっている。更に「もほう〔模倣〕」は、「①まねならうこと、にせること。↔創造。②（imitation）ある個や集団によってなされた行動・態度・慣習・思想などのような表現としての刺激が、他の個や集団に働きかけて類似の表現をさせるように誘発させた場合に、後の表現とその過程を模倣という。幼児の学習過程、社会的流行、さらには高度の文化活動における影響など、人類の文化的・社会的なものにおいて重要な意味をもつ。……」となっている。

何だか堂々めぐりみたいでわかりにくいが、一言でいえば、辞書は、模擬と模倣をことさらに区別する見地をとってはいないようである。だから模倣と模擬を峻別しないからといって語学上の誤りとはいえないだろう。私は訓詁学的に二つの言葉の意味にこだわっているわけではない。模倣や模擬の自分勝手な概念規定を他人にまでおしつけるつもりもない。

しかし、真似の運動の中に、実から虚への移行が含まれていることを、はっきりと抽出して考えなければ、文化の起源や発展の解明はむつかしかろうと、私は思う。北条元一はその『芸術認識論』〔北隆館、一九四七年〕で、この区別を模擬と模倣の二つの言葉で表現した。彼は、「真似て喰べる」模倣に対して「喰べる真似をする」模擬、というようないい方でわかり易く説明していた〔一〇三頁〕。このような概念規定は辞書にはないけれども、その説明は二つの言葉の慣用上の使いわけに逆らわないだけでなく、両者のニュアンスのちがいをうまく伝えているように私には思えた。そこでそれ以来その表現を私も踏襲しているわけである。

つまり言葉の意味が問題なのではなく、「真似て喰べる」ことと「喰べる真似をする」ことの区別が重要だと思うのである。この区別を表現するもっと適切な言葉があればいいが、それを知らないので、それが見つかるまで今後も便宜上北条用語を踏襲することにする。

しかし、日本語の慣用からいって、模倣の方が模擬よりも普遍性をもっていて、外延が広いというべきだろうから、両者を機械的絶対的に区分するわけではない。私の用語法では、模擬は模倣の一部又は一種というほどのことになる。広い意味の模倣は「まね」と殆ど同義であって、模倣又は真似から模擬が分化したのだろうと、私は漠然と考えている。模擬が成立した後に、それとの対比で模倣の意味を狭く限定する用語法も可能になるというわけである。

模擬は形だけの模倣であり、模倣から模倣の実質を消去することである。それは模倣による模倣の自己否定であり、自覚的創造への橋渡しといってもよいのではなかろうか。

Aがうどんを喰べたのを真似てBもうどんを喰べるという食事の実質はBにおいても失われていない。だが落語家が高座でうどんを喰べる真似をする場合には、現実のうどんは消去されている。

だが、このような模倣の虚構化は、模倣自体の含む矛盾の発展によって派生するのであって、外部的な原因の作用で偶然におきるのではないだろうと思う。

ここでも恐らく反復が大きな役割を果たしているだろう。反復が模倣を生み、模倣の反復が模擬を生む。このような自己運動の重層的媒介を経て虚構の労働である模擬が派生するのであろう。

子供の「ままごと」は、これらの歴史的経過を推測する手がかりになる。この模擬行動の発生に、宗教意識や呪術意識の介在を何ら必要としないことは明らかである。「ままごと」は、「まねび」(→まなび)であるとともに「すさび」(自動性)でもある。

「まねび」が自動的に繰り返されるとき、それは「ならい」(慣らい・習い・倣い)になる。「ならう」という概念の中には、模倣と反復が渾然と一体化しているように感じられる。学習活動は自然の動物界に広く観察できる現象であり、人間の模擬行動も根本的にはその延長として考えることができるだろう。

しかし、もちろん、学習活動を例えば学校教育などのようにはっきりと分化させたのは人間だけである。生活の諸領域がはっきりと分化した人間社会において、学習という概念もその独自性をはじめて定着させえたのであって、他の動物の「学習」は、自覚的にそれを他の自然にまで遡行的にあてはめた、擬人化的表現であるに過ぎない。

今の人々は、「よく学び、よく遊べ」などと、「学び」と「遊び」を対立的に取り扱う場合が多いが、もともと両者は区別のつかない一体的なパフォーマンスであったであろう。幼稚園児にとって遊戯が勉強であるのと同じように。

芸術の起源に関する、模倣（まねび）説と遊戯本能説は、だから、同じミメーシスに対する観察の角度のちがいに過ぎないともいえる。例えば〔カール・〕グロースの遊戯本能説は、遊戯を幼少期の準備運動（つまりは学習）と見なすことの上になり立っていた。

学びと遊びが未分化な時代には、ミメーシスそのものが、生産労働過程の不可欠な一部として扱われていたのであろう。以前にもしばしば引用したが、狩猟労働の模擬としての物真似踊りの発展を、記念踊り、予想踊り、予想踊りの一部としての呪術踊り、という三段階に分けて説明したハリソンの推理は、芸術（その前段階としてのミメーシス）の呪術起源説に対する極めて説得力ある反論になっていると思う。言葉をかえて言えば、狩猟労働が習慣的に反復される過程で、労働の復習が分化し、やがてそれが予習に転化する。そういう仕来たりが自然に形成され、狩猟生活が次第に分節化されていったであろうことは想像に難くない。道具に媒介された労働は、後天的学習なしには発展しえない性質をもっていた。そしてそれが社会的協働による連携プレーを要求するとなれば、なおさらのことである。道具や協働は不可避的にそれにふさわしい統一的なリズムを形成するであろう。

ミメーシスは集団的模擬であって、個人的な動作ではない。そしてそれは、それが遊ぶが如き自発性のもとにリズミカルに生まれたことと無関係ではなかろう。労働の復習が遊ぶが如くにはじまったということは、模擬行動が学習意図によって行われたのではなく、ただ客観的に復習同然の機能を果たしていたに過ぎないということである。無自覚的な学習であり、無自覚的な遊戯であった。

いわば、労働の模擬は労働過程の惰性的延長からはじまったのではなかろうか。激しい労働が毎日反復される場合に、一日の労働が休止に向かう過程の現象が特殊的に分化する蓋然性がある。ハリソンが「労働の谷間」と呼んだ時間帯である。

ハリソンは、「労働の谷間」において労働過程の情緒をもう一度味わいなおすために、模擬が行われると推理した。ミメーシスは情緒表現であって模倣ではない、と。

たしかにミメーシスにおいては、狩猟動作が形式的に反復されるだけで、もはや現実の獲物は存在しない。だから、先行する狩猟を模倣した二次的狩猟ではない。しかし、情緒表現のためときめつけるのも、前にも書いたが、やはりうがち過ぎのような気がする。狩猟の情緒はむしろミメーシスの結果として高揚するのであって、既に昂《たか》まっていた情緒がここで発散するわけではないように思う。

情緒表現説は、いわゆるカタルシス説とつながるところがある。アリストテレスの悲劇論のそれというよりも、もっと俗流化された「欲求不満の解消」説に傾くところがある。例えばトムソン〔『詩とマルキシズム』〕が、ミメーシスの機能を「事実誤認」による「集団ヒステリーによる御祓《おはら》い的治療」としたなど、フロイト理論の影響が感じられる。もっと俗流化した最近の理論は、ポルノ芸術は性的欲求不満を浄化し、性的犯罪の防止に貢献するなどと、全く奇妙な方向へ発展したりする。この伝でいけば、政治革命を賛美した小説は政治革命の防止に役立つというようなことになる。

　欲望は欲望の現実的充足によってしか解消しない。怒りを文章化することによって怒りが解消するかのように思うのは一種の錯覚であろう。そこで解消しているのは実は怒りの表現欲でしかない。怒りそのものはその表現によって一層深化するであろう。その深化を浄化と呼ぶことはできる。しかしそれは怒りの解消ではないだろう。深化によって解消するような怒りは、はじめから間違っていたのであり、錯覚的な怒りであったにすぎない。

　情動は一般に現実的行動の抑止によって高揚するものである。妨げられるほど恋心はつのる。労働の模擬は、労働から現実的労働対象を消去し、労働を抑止する。そこで模擬行動は、労働への意欲をかきたてずにはおかないであろう。労働の模擬が労働の生産性を高めるのは、熟練をもたらすだけでなく、労働意欲を高めるからでもあった。

　ミメーシスという虚構労働によって労働過程への関心が強化されるのは、それが既に模倣実践から認識活動に転化しているからではない。この段階での模擬はまだ行動の枠内にとどまっているというべきだろう。何故ならばそれは未だ、外部からの鑑賞に供するための物真似ではないからである。そこで高揚する意識は、模擬行動が行動者自身によって自己享受されているに過ぎない。現実的な労働は模擬の中でまだ部分的に抑止されているだけである。行動の完全な抑制は、模擬の鑑賞者の側にはじめて発生する。鑑賞はもはや肉体的労働ではなく、意識内容としてのイメージの形成であり、認識活動の範疇に入る。そして鑑賞のフィードバックを受けて、模擬が鑑賞に供する為のものに転化した時、模擬は肉体労働の形をとりながら、それ自体で認識活動の一部にとり込まれるというべきであろう。その時にはじめて芸術が萌芽する。

ミメーシスの集団的自己享受は、芸術よりも遊戯に近い。遊戯の萌芽と呼べるかもしれない。客観的には学習の萌芽でもあるわけだけれども、その内実には、現代の学習ほどの退屈さはまだ備わっていないだろう。

ミメーシスは、何よりもその真剣味においてスポーツや遊戯に似ているのである。ホイジンガーが『ホモ・ルーデンス』でいう通り、現代人は遊びの中で最も真面目になるのである。会社で執務中適当に時を過ごしていたサラリーマンも、退社後のマージャンの中で俄然生気をとり戻したりするのである。現代人は仕事の中で総じて「働かされている」という意識しかもちえないように仕向けられているのだ。

『労働とリズム』の著者ビュッヒャーは、未開社会の「自然民族」の労働は文明人のような営利労働ではなく、「欲求労働」だと書いている。そして、そのような欲求労働はしばしば実生活上の必要の限度を越えて持続されると指摘している。当面の必要を充たした後に、なお持続される労働は、既に現実的な生産目標を喪失しているわけだから、ただ自己享受のための模擬的労働に転化する蓋然性を担うであろう。それは文明社会の営利労働において剰余労働が辿る運命とは異なっている。

遊戯衝動がしばしば余剰エネルギーの溢出《いっしゅつ》と見なされたりする（例えばスペンサー、シラーなど）のもこの辺の事情と関係があるであろう。また、遊戯と芸術の共通点として、実利への無関心性と仮象性を挙げる人も多いが、ミメーシスは虚構的ではあっても未だ無関心的とは呼べないと思う。むしろ労働への関心そのものなのではなかろうか。ミメーシスの分化を媒介にしながら労働は真に意識的な労働へと育って行ったのだ。芸術の含む美的無関心性は、分業の発達した後世の所産であろう。

ミメーシスが労働への関心を育て、労働の情緒を形成する機能を果たすとしたら、そこにはたしかに形成された情緒が表出されているわけである。しかし、それにも拘《かか》わらず、それを情緒表現と規定することに私が賛同しないのは、それが自立した表現活動と呼べるほどに育っていないと思うからである。

表現活動は外からそれを表現として読みとる相手を前提としなければならないであろう。ミメーシスの成立は、外からそれを表現として眺める人の存在を不可欠な要件とはしていないのである。労働模擬の集団的自己享受として参加者の意識統一には役立っているけれども、諸個人相互の対外的なコミュニケーション手段として機能しているわけではない。

ミメーシスは他人に自分の心情を訴えるために行われるものではない。しかし、それがつくり出す仮象は、いつでも意識伝達のための記号に転化しうるほどに、ミメーシスの枠内で成長して行くであろう。見物人の発生が徐々に準備される。

いろんなことを未整理のままくだくだしく述べて来たけれども、実践的な模倣から、虚構的模擬が派生する原因は、根本的には労働そのものの中にあると約言したい。社会的労働は、労働対象や労働手段や協働相手や、労働者自身の状態や、環境諸条件や、実にさまざまな要因の組み合わせによって複合的に形成される活動である。だから労働はその過程の中に労働を妨げたり進行を抑止したりするさまざまな要因をもともと含んでいる。労働は労働の空振りをそれ自身の中に豊富に含んでいるわけである。労働はその反復の惰性によって必要の限度を越え虚構化に導かれるだけでなく、さまざまな試行錯誤によって虚構的労働を産出する。労働は本来模擬を要求し、発達させる活動なのである。

例えば人間固有の指示活動は、労働過程でしか生まれえなかったような「手まね」である。それは手の運動の自発的抑止であることによって、労働目的の方向を暗示する。この模擬形式については、いつか詳しく触れなければなるまいと思う。

私がミメーシスにこだわるのは、そこに真偽の分岐がはじめてはっきりと胚胎したと思うからである。虚構の確立なしに真理の発見はありえないだろう。自然の反映現象は、すべて仮象の生成であるけれども、労働の模擬以前の仮象には、真偽の別はまだ生じてはいない。このレベルでは、仮象はただ仮象の事実として現実の一部であるに過ぎない。

生物が環境に順応する様式には、さまざまな擬態現象が含まれているが、そこにもまだそのような現実が存在しているだけで、真偽の弁別が生じているわけではない。自然の擬態と人間の虚構との異同については、稿を改めて論ずる機会をもちたい。

〔一九九一年二月〕

七　模擬と模写

模倣と模擬の関係を論ずれば、当然模写という概念の検討にも移行することになるであろう。私は今、土方定一氏が、戦後間もない頃、美術について「模写説的リアリズム」という言葉を使ったのを思い出している。それは私や林文雄君への批判の意味も含んでいた。私は「模写説的でないリアリズムなんてありうるだろうか」などと反論した記憶がある〔「美術に於ける近代主義」一九四八年〕。それは土方氏の言葉遣いに「模写説」の矮小化を感じたからであった。

普通「模写説」といえば認識論上の範疇であって芸術方法上の概念ではない。コピー・セオリーとは、模写技術の理論ではなく、人間の認識を外部現実の映像と見なす学説のことである。それを徹底すれば唯物論に行きつかざるをえない。だから「模写説的リアリズム」を換言すれば「唯物論的リアリズム」ということになる。

しかし土方氏は、現実の表層を受動的になぞるような作風に対して、「模写説的」という形容を与えたのではないか。私はそのようにうけとった。それは二重の意味で言葉の誤用ではないか。「模写説」が描写技法を意味しないばかりでなく、現象の受動的コピーをこととするのは、芸術上のリアリズムでもありえないであろう。私はそんな風に感じたのであった。

だが、もう一度冷静にふりかえって見ると、「模写説的でないリアリズムなどありえない」というい方も、短絡的で誤解を招きやすい。これも又、世界観と芸術方法の混同に無防備だからである。マルクスのバルザック評をもち出すまでもなく、芸術上のリアリズムは、作者の政治的見解や世界観に逆らって発想することもありうるからである。芸術上のリアリストは必ずしも唯物論者とは限らないのである。それに、格別に自覚的方法意識をもたない自然成長的な態度としてのリアリズムというものもありうるのである。

いずれにしろ、模写という概念の外延はかなり広く変化に富んでいる。模写といえば、絵や図を連想するのが一般的のようであるが、声帯模写とか、形態模写とかの芸は、別に絵を描くわけではない。だから一般的模擬行動を行動の模写と呼ぶことが許されないわけではなかろう。しかしそれは、比喩的用語法であって、「模写説」における模写概念も、同様に比喩的に拡大されているわけであろう。文明が発展した後に次第に特定されて来た模写という特殊行動の概念を、遡って意識一般の説明にまで適用したのであろう。人間は常に、歴史的発展の結果である現在を基準にして過去や未来を説明する。そうするほかないともいえるであろう。だから自然は擬人化的にしか説明されえないことにもなる。科学的用語にもその痕跡は残っている。「電気が走る」といっても許されるのである。したがって、私は模擬と模写の関係を訓詁学的に問題にするわけではない。

自然成長的労働の反復からミメーシス（労働模擬）が派生したとしても、そこからいきなり洞窟壁画の発生を説明するわけにはいかないであろう。狩猟の物真似踊りから動物壁画への移行には、単なる反復以上の飛躍の契機が必要であるように考えられるのである。

動作によって動作を真似ることは、動作の反復からなだらかに生じうるとしても、立体の形を平面上の線に置き換えることは、単純な反復ではない。狩猟の絵画的描写行動は、狩猟動作の直接の反復ではない。描写行動そのものは狩猟行動の模擬ではなく、全く似ても似つかぬ動作である。狩猟に似ているのは描かれた図形であって、描く動作ではない。しかもその相似は、その図形を見る人の想像力によってのみたしかめられるのである。

物真似踊りの場合も、外から眺めて相似が認められないわけではないが、むしろ、踊り手自身によって相似が味わわれている趣が強く、外から形を見る人の存在は必須条件ではない。踊りの見物人は、ハリソンも指摘するように、後になって発生したものであろう。

ところが絵や図形の場合は、はじめからそれを見る人をあてにしなければなりたちえないと思われる。もちろん、旧石器時代の洞窟壁画は今日の展覧会場の絵と同じではない。鑑賞目的に描かれたとはいえないであろう。しかし、絵や図形は視覚に対してのみ絵や図形であるという性格を、はじめから担わされていた。鑑賞目的ではないにしても見られなければ絵は絵として機能しないのである。

要するに、その発生経過においては、絵の方が踊りよりも一層媒介的であり、それだけ虚構性も増幅しているといえるだろう。前にもしばしば書いたと思うが、虚構の成立以前には、真偽の弁別はまだ日程に上りえないわけだから、虚構の成長過程は真理発生の前提として、きわめて重要な意味をもっている。

語感からいっても、模擬はそれ自身まだ行動の範囲内にあるけれども、模写は行動自体の反復ではなく、映像の作製である。人工的な模像こそが、自然の仮象（反映像）と区別される意味での虚構であろう。

人工の模像がどんな材料によって造られるかによって、虚構の質が変わるだけでなく、虚構性の度合いも変わるといってよいだろうと思う。踊りという模擬はいわば身振りで描く絵であり、肉体運動自身を素材にした模写といえる。だから複雑に屈折した虚構性の強い踊りも存在するわけで、絵画と踊りの虚構性の度合いを単純に比較できるわけではない。しかし、模像の構成素材において、使用される物質的手段において、絵の方が媒介性に富んでいるのである。構造上、より間接的だという意味において虚構性が強いのである。したがって、言葉を手段とする文学の方が絵や彫刻よりも一層虚構性の度合いが高いともいえる。言葉を使うには、絵の具や筆を使うよりもはるかに複雑な手続き（例えば言語の習得）が必要である。

真偽の弁別を生活の中に上程する上で、言語活動の発達がほとんど決定的役割を果たしたであろうことは、想像に難くない。言語なしに真理の発生はありえなかった、と私は断言してもいいように思う。虚構の媒介的発展こそが真理の生成の裏側であろう。虚構の成立以前には、ただ現実が存在しただけで、真偽の区別はありえなかった。仮象や現象もただ実在するだけで、事実の一部であるに過ぎなかった。

もちろん、無言語思考というものも存在する。言葉をもたない動物たちも、何らかの判断を日常的に行っている。犬や猫にも詮索反射と呼ばれる動きがあり、聞き耳を立てたり、怪訝《けげん》な目つきであたりを見廻したりする。そして何らかの対応行動を選択する。このような選択に真偽弁別の芽生えを見ることはできるかもしれない。例えば雀が案山子《かかし》を恐れなくなるような場合、雀が人間の偽りを見破ったといえなくもない。

しかし、それは人間になぞらえて雀の意識を想像しているのであって、雀の心中に真か偽かというようなはっきりした設問があるとは思えない。真理の内容は言葉によって表現されるとき、はじめて明瞭になるのであって、表現されない真理は、そもそも問題になりえないであろう。

鳥や犬猫の行動選択が何らかの判断を表現していたとしても、直接にはその行動の意図が忖《そん》度《たく》されるにすぎない。運動の実在を証明するために歩いて見せたディオゲネスの場合とは趣を異にしている。

動物の行動を規制している中心は生存の必要であり、生命の欲求である。意識のはじまりにおいては、知性と感性は未分化な一体をなしていると形容してもよいだろう。事実認識と価値認識の分離は、人間社会においてはじめて現実に発達したのであろう。恐らく、虚構の発達と、生活上での虚構の扱い方や生かし方の分化的発展が、事実認識と価値認識の相対的分離を可能にしたにちがいない。善悪の判定や好む好まないに拘《かか》わりない事実の確認を基礎にしなければ、真という概念は成り立ちえないであろう。

この歴史的経過は、今日でもわれわれが、ともすると希望と現実をとりちがえたり、また所謂《いわゆる》器具主義者の誰かが、役に立つことが真理なのだと主張したりすることによって、逆に照らし出されている、ともいえるだろう。

虚構の分化的発展の検討は、それ自身大きな宿題であるけれども、今は、とりあえず、模写の問題に話を戻さねばならない。前述したように、模写という言葉は、むしろ近代になってから一般化した言葉であろう。恐らく模写という行為そのものが新しく特殊化されたのだ。そしてそれは現実を直接に描写することとは、ややちがった行為として考えられていた、といってよかろう。むしろ、他人の作品をそっくりなぞるような場合に用いられた。日本画には、臨模《りんも》とか臨摹《りんも》とかの言葉があるが、それは手本を見て真似て描くことのようである。英語の copy も似たようなもので、手本という意味にも用いられる。広告文を書く人をコピー・ライターというのは、印刷の元になる原案を作るからであろう。

いずれにしろ、洞窟壁画を描いた旧石器人は、野獣の意識的模写を試みたわけではなかった。獣を側において見ながら写生したわけでもなかったであろう。（写生という概念についてはまた特別に論じなければならないが、それは芸術論の領域に入ってしまうから、後まわしにする。）

描写はもっと別の仕方で発生したであろう。描写一般を模写と呼ぶのは、概念の比喩的拡張によるものである。どんな空想的な絵でも、そこに虚構の世界が描かれているとしたら、それは現実の世界ではないという意味において世界の模写になる。そのような意味において、絵画の発生に模擬から模写への移行を見ることができる。それは人体そのものによる模擬行動から、人体の外の他の物質に対象化された模像への移行である。そこには明らかに何らかの飛躍がある。

それにしても人間は何故、どんな経過で絵を描くようになったのだろうか。それを明瞭な形で跡付けることはむつかしい。子供の成長過程を見ていると、手の運動の発達とともに、図形の制作が生まれるのはごく自然のようにも思えるけれども、発達した文化環境の中で育つ現代の子供から、未開社会での人間文化の成長過程を直接に類推するのは誤りの元にもなるであろう。しかし、すべての人類が何らかの程度に絵画経験をもち、絵画を理解し、絵画を絵画として扱う能力をもっているとしたら、そこには必然性が働いていると見るべきであろう。何よりもまず、手を使って自由に線を引く能力が生じなければならないが、それは道具をつくり、使う、労働過程の発展の中で育ったであろうことは容易に想像できる。

道具の制作をはじめ労働過程はさまざまな線條を生み出したであろう。そこに現出した線は労働の軌跡にほかならなかった。そこには労働の感懐が滲み、次第に意味を帯びるようにもなったであろう。線の抽象は面の抽象とともに、物の形への関心の出発点となったであろう。形式への価値意識が、道具の制作過程から派生したとする仮説を、私はしばしば述べて来た。道具の価値から形式の価値を分離することが、私にとっては、道具の機能に基いて機能主義美学を乗り越える方法であった。それは「美的無関心」の歴史的形成を解明する道筋であったわけだけれども、描写の発生の根本にも形への関心の蓄積が横たわっていると考えるのである。

しかし、もちろん、線の抽象からだけ描写の発生を説明することはできない。事物の外形についての人間の知識は、労働とその模擬全体の反復的発達の中で次第に培われていったのであろう。道具の制作は本来造型であり、それ自体で自然の模造の性格を帯びていたともいえる。木の枝を削って真直ぐにすることは、曲った枝を用いて真直ぐな枝の模造品をつくることである。そのような角度から観察すれば、屋根は自然の樹蔭の模写であり、家屋は自然の洞窟の模造の意味をもつであろう。単純な素材を組み合わせて複雑な形の用具をつくることは、抽象形を描写の手段に転ずる契機にもなるだろう。協働作業過程での各種の合図や指示行動の発達は、模擬の記号化を促進しもするであろう。

このように、労働の媒介の多面化と重層的展開が描写行動の発生を招く伏線になったのだと思われる。そして何よりも狩猟対象への強烈な執心がこの全過程をリードしたであろう。彼らは獲物の動き方や体のつくりを細かく知り尽くし、模擬の協働を通じて共有の情報としてイメージを蓄積したにちがいない。

もちろん、このような想像だけで絵画の発生をすべて説明しきれるわけではない。絵画の発生は依然として多くの謎に包まれている。クロマニヨン人は「写生」もせずにどうしてあのようにリアルな動物像を手に入れることができたのか。あそこに至るまでの経過を示すような遺跡は、恐らくすべて消滅してしまったのであろう。

しかし、だからといって、絵画の起因として美的本能や遊戯衝動や呪術意識などをもちださねばならぬ理由はない。それらをもち出すことは、却って歴史をわかりにくくするだけの話である。それは猿の美意識や猿の宗教を前提にして美術の起源を語るようなものである。繰り返しになるが、絵の発生の方が美意識や宗教意識（呪術意識をも含む超自然への信仰）の成立よりも古いと考える方が自然だ、と私は考えている。

労働模擬の反復は必ずしも絵画の派生を要求しないようにも考えられるが、模擬行動の内部に生ずるコミュニケーションの発達が、情報共有のための諸手段の新しい開発を求めるであろうことは推測に難くない。

私は、コミュニケーションの媒介的発展という必然に基いて、模擬から「模写」への移行を解釈できると思う。美意識や宗教意識はそのような発展の結果として可能になったのであろう。

何か同じような場所を低徊《ていかい》しているようでわれながら気がひける。価値と真理の関係に論を進めたいが、その前のついでに、「写生」について書いておきたい。模写と真理のいきさつに関わるところがあるから、芸術論の領域ではあるが、次回にとり上げることにする。

〔一九九一年八月〕

〔連載はここで途絶〕

あとがき

永井潔のこの著書『真理について』は、雑誌「民主文学」一九八三年三月号から一〇月号に八回にわたって連載された「真理について」と、雑誌「葦牙《あしかび》」に一九八六年から九一年にかけ、とびとびに五回にわたって掲載された「続・真理について」（未完）を一冊にまとめたものである。

当時これらの著作を手にすることができた人には旧知の文献であったと思われるが、その頃から三十年余も経た現今、その存在自体しだいに忘れられ、影をひそめる結果となったことは否めない。本来なら永井潔存命中に一本として上梓されてしかるべきであったが、なぜかその機会を逸して今に至ったのである。今回、北野輝氏の「永井潔〝真理論入門〟への誘い」という格好の紹介文をいただき、多くの関係者の協力・協賛のもとに出版実現の願いが果たせたのは僥倖であった。永井潔生誕百年、永井潔アトリエ館開設を祝う慶事としても意義あることと感謝したい。

この本が北野輝氏によって〝真理論入門〟の今日的意義としてウソが異常な巨大さではびこ

る昨今の世情に結びつけて紹介されたことは、読者の読書欲を刺激し、正鵠を射ているのではないだろうか。永井潔の真理研究は実は嘘や欺瞞、虚構についての反映論的で弁証法的な研究でもあった。ウソが真実としてまかり通る政・官・財・学・マスコミ・スポーツ・ネット世界等々の現下の状況を永井は知っていたかのように、あるいは見てきたかのように論ずる。

「人間以外の動物が主観的に嘘を吐くということは恐らくないだろうと思う。」嘘は「人間の社会関係の中で、人間同士の騙《だま》し合いが必要となる条件のもとで漸《ようや》く発生すると見てよい」と。そして「誤認や誤解は決して無根拠に生まれるものではない。」「現実認識の一定の発達に基いて誤りを犯すことと、誤謬の克服に基いて真理を獲得することとは、互いに転化し合うような螺旋《らせん》的連鎖と形容できる」と真理の諸相が語られる。ヒューマニズムやコモン・センスにも新しい光があてられる。書かれてから三十年ほども経た文章とはとても思えないリアリティーが随所に感じとれるのである。

もちろんこの『真理について』は単に世相を批評したエッセイではなく、以下の論点を含む認識論哲学の著作である。簡単ではあるが、著者の整理に従ってそれらを略記することをお許しいただきたい。

真も美も人間の認識内容であり、それ自身が人間を離れて実在するものではないこと。真理の起源を人間の認識活動の中に求め、虚構の創造こそが真偽の弁別が歴史的に成立する機縁だったであろうこと。しかしそれは真理論の入口であって、真理論は価値論と結びつかねば本当の内容をもったとはいえず、真理が成立していく過程は人間の認識活動が事実認識と価値認識に分化して行く過程と重なっていたであろうこと。真理は歴史の産物であるとともに、論理的な関係構造として拡がりの中で規定されること。単純な反映から反映の重層的複合へと自然の相互作用関係が発展する過程に真理は位置を占めていること、などである。そしてこれらの論述は前著『反映と創造』の論旨を補充する論考でもあったことを記しておきたい。

永井潔が亡くなって十年、永井潔その人は油絵・水彩画等絵画の実作による創作活動、日本美術会をはじめとする文化諸団体の組織活動、そして反映論を軸にした芸術論・認識論研究と多岐にわたって才能を発揮したマルチ人間であった。その業績はそれぞれの各方面に今も大きな影響を与えつづけている。それは永井の仕事のひとつひとつが人類史の本質に深く広く柔軟にかかわり、人類的意味を持って生きつづけていることの証しであろう。それはどれもその名のとおり、荒々しい歴史の淘汰にながい生命力で耐えうることを身上としているのだ。このたびの著作『真理について』も永井のそのような仕事の一環として、現代に生き、たたかう多くの読者に歓迎され役立てられることを願っている。

この『真理について』の編集作業は左記の方針によってすすめられた。この労は主に寺岡敏夫氏によるものであり、記して謝意を表する。

一、連載時の誤植等で判明したものの訂正をおこなったほか、連載時に著者が使用している用字用語を尊重しつつも、主に送り仮名の使用法について統一をおこない、難字難読の個所には適宜ふりがなを付した。また用語表記のゆれについて統一した場合がある。

二、著者による他者からの文中引用について、可能な限り出所原典と照合し、相違個所の訂正をおこなった。その際、支障のない範囲で〔 〕を付した小字により出典を明示した。

三、必要と思われた場合に、〔 〕を付した小字により記述を補った個所がある。

四、調査等によって一部に雑誌連載時の記述の誤りが判明した場合、文意に影響しない範囲で最小限の訂正措置をとった。

五、単行本化に際して、雑誌連載掲載号の区切り個所を本文のそれぞれの末尾に〔 〕で明示した。

二〇一八年一月

「真理について」刊行委員会

水沢　武夫

初出一覧

真理について

「民主文学」一九八三年三月号〜一〇月号

続・真理について

「葦牙《あしかび》」第六号（一九八六年八月）、第七号（一九八七年三月）、第一一号（一九八九年七月）、第一四号（一九九一年二月）、第一五号（一九九一年八月）

永井 潔（ながい きよし）

1916年 8 月、群馬県前橋市に生れる
画家、著述家
日本美術会会員、日本民主主義文学会会員
東京文科アカデミー、武蔵野外語専門学校の理事長・校長を歴任
2008年 9 月 没

［**主な著書**］

『芸術論ノート』新日本出版社 1970年
『人間と芸術と』新興出版社 1972年
『芸術の伝統と創造』国民文庫 1974年
『人生と芸術・スポーツ』（共著）日本青年出版社 1973 年
『芸術と自由』新日本出版社 1978年
『青年と美と醜とー人間らしい生き方と美意識』（共著）一光社 1979 年
『反映と創造ー芸術論への序説』新日本出版社 1981年
『芸術的労働の理論』下巻（共著）青木書店 1984年
『永井潔画集』新日本出版社 1994年
『私の大学』本の泉社 2001年
『鱓（ごまめ）の呟き』光陽出版社 2004年
『美と芸術の理論』光陽出版社 2004年
『あぶなゑ』本の泉社 2005年
『絵で読む名作小説・永井潔挿絵画集』光陽出版社 2005年
『小説の心、批評の目」（共著）日本民主主義文学会 2005年
『鱓の呟き・その二』光陽出版社 2008年
『戦後文化運動・一つの軌跡』光陽出版社 2008年
『絵と写真でたどる芸術の旅・永井潔画文集』新日本出版社 2008年
『あの頃のこと 今のこと』日本美術会 2008年
ほか

真理について

2018年3月1日　初版発行

著者／永井 潔

企画・編集／「真理について」刊行委員会
〒151-0051 東京都渋谷区千駄ヶ谷 4-29-12
北参道ダイヤモンドパレス 406号 みずさわ画廊内 Tel.03-3478-2673

編集協力／永井潔アトリエ館

発行／光陽出版社 〒162-0818 東京都新宿区築地町 8 番地 Tel.03-3268-7899

印刷・製本／株式会社 光陽メディア

　ISBN 978−4−87662−610−6